事業者必携

ネットビジネス・通販サイト運営のための法律と書式サンプル集

行政書士
服部 真和 監修

三修社

本書に関するお問い合わせについて
本書の内容に関するお問い合わせは、お手数ですが、小社
あてに郵便・ファックス・メールでお願いします。
なお、執筆者多忙により、回答に1週間から10日程度を
要する場合があります。あらかじめご了承ください。

はじめに

　インターネットが完全商業化されたインターネット元年から、20年が経とうとしています。この間、IT社会は急速に発展し、我々の生活を大きく支えるようになりました。

　ソフトウェア業だけでなく、これまでの製造・流通・販売といった業種においても、ITを導入することが日常化したことで、多くのメリットを享受する反面、セキュリティや契約・顧客トラブルなどは増加の一途をたどっています。

　ところが、多くの事業者がITの活用やトラブルの防止を実現しようとしても、法律をはじめ複数の専門知識が複雑に絡むため、簡単ではありません。さらに、急速に発展するIT社会に法整備やノウハウ構築が追いついていないというのが現状です。

　本書では、このような複雑・高度に進化し続けるインターネットやソフトウェア産業に関して、取引現場に即した法律運用に重点を置いて取りまとめ、一定の指南書となるよう心がけました。

　通販サイト運営については、事業の開始から、問い合わせ・クレーム対応、セキュリティ対策までカバーし、ネットビジネスに関する法律知識についても、わかりやすい丁寧な解説を心がけています。

　また、SNSやマッチングサイトなど、それぞれの用途にあった利用規約や幅広いニーズに対応できるIT契約書式と作成についてのアドバイスを掲載しています。スマートフォンアプリ制作やレベニューシェア方式など、IT業界の最先端の現場において実際に利用されている本格的な書式を多数収録しました。

　IT企業をはじめ、ITを活用した事業に関わるすべての皆様が、広く本書をご活用頂ければ、監修者として幸いです。

　　　　　　　　　　　　　　　　　監修者　行政書士　服部　真和

Contents

はじめに

Part 1　ネットビジネスをはじめる前の手続きと書式

1　ネットショップや通販事業で商品を売るには　　8
2　開店前に用意しておくことを把握しておこう　　10
3　開業時や運用面でかかる費用はどの程度かかるのか　　15
4　セキュリティ管理はとても重要になる　　17
　書式1　プライバシー・ポリシー（個人情報保護方針）　　19
　書式2　個人情報保護規程　　21
5　問い合わせ対応はマニュアル化しておく　　28
　書式3　クレーム対応マニュアル　　30
6　許可や届出が必要な事業がある　　38
7　古物営業開業のための法律や手続きはどうなっているのか　　45
8　ドメインのしくみを理解しよう　　51
　書式4　ドメイン新規取得・契約代行契約書　　54
　書式5　ドメイン譲渡契約書　　56
9　サーバの管理について知っておこう　　58
Column　許認可の不要な業種もある　　60

Part 2　電子商取引をめぐる法律と書式

1　電子商取引について知っておこう　　62
2　なりすましのトラブルについて知っておこう　　68

3 ネット取引の契約はどのような流れで行われるのか　71
4 トラブルを防ぐ規約作りはとても大切　74
　書式1　ネットショップ利用規約　78
　書式2　ＳＮＳ利用規約　85
　書式3　情報利用に関する規約　94
　書式4　マッチングサイト利用規約　97
5 契約が取り消されたり解除される場合もある　108
6 消費者契約法に違反しないようにする　111
7 特定商取引法の規制について知っておこう　116
8 返品についてのトラブルをどう防ぐか　119
9 通信販売の広告記載事項について知っておこう　122
　書式5　特定商取引法に基づく表示　127
10 広告についての禁止事項について知っておこう　129
11 通信販売の広告メールの規制について知っておこう　131
12 前払式通信販売について知っておこう　135
13 ネットオークションの問題点について知っておこう　137

Part 3　契約書作成の基本ルールとIT契約書式

1 契約書のはたらきについて知っておこう　142
2 どんなものが契約書となるのか　145
3 トラブル防止のために重要な事項を知っておこう　149
　書式1　ソフトウェア使用許諾契約書　155
　書式2　ASPサービス使用許諾契約書　159

書式3	スマートフォンアプリケーション制作業務委託契約書	168
書式4	秘密保持契約書	182
書式5	競業禁止及び守秘義務に関する誓約書	185
書式6	アウトソーシング契約書（情報システムの運用サービス業務の委託）	186
書式7	インターネット広告代理店契約書	191
書式8	ITコンサルタント業務委託契約書	197

Part 4　ホームページの作成をめぐる法律と書式

1　ホームページを作るときの注意点　　204
2　消費者目線で画面を作成する　　207
　書式1　Webサイト制作・保守業務委託契約書　　209
3　ソフトウェアの利用と違法コピーについての注意点　　221
4　不当表示は法律で禁止されている　　223
5　景品を提供する場合の法律について知っておこう　　225
　書式2　ホームページ素材使用許諾契約書　　227
　書式3　ホームページ譲渡契約書　　232
　書式4　ECサイト制作・運営業務委託契約書（レベニューシェア方式）　　238
　書式5　ＳＥＯ委託契約書　　251
　書式6　コンテンツ提供に関する契約書　　259
Column　印鑑の押し方のルール　　263

Part 1

ネットビジネスをはじめる前の手続きと書式

1 ネットショップや通販事業で商品を売るには

店舗での商売と同様にお客様への心遣いが大切

● 店舗営業で商品を売る場合とどう違うのか

　初めて開業する場合、不安もたくさんあると思います。方針を決めるときから、「どのように顧客満足度を高めるか」という、意識を自分なりに持っておくことが大切です。

　実は、ネットショップや通販と、店舗で商品を売る場合とで、やるべきことに違いはありません。モノを売るというビジネスに変わりはないからです。ネットショップの場合、「Webでビジネスをするのだから、ITについて何か深い知識が必要なのではないか」「通販はカタログなどで販売することになるので、出版や広告業界の知識や経験がなければならないのではないか」などと考えがちになりますが、そのようなことを心配する必要はありません。

　ネットや通販であっても、相手にするのは、人間=お客様ですから、ビジネスを成功させるためには、店舗営業と同様の心遣いによって、お客様に満足していただけるような対応をすることが最も必要なのです。ただ、ネットや通販の場合、店員がいるわけではありませんから、お客様への心遣いを伝えるためには、ネットのページやカタログの見せ方・構成について、以下のように工夫する必要があります。

・サイトやカタログの使い勝手をよくする（簡単にお客様が欲しいものが簡単にわかるような商品の並べ方や購入方法の導入など）
・アフターフォローをしっかりする（問い合わせへの迅速な対応など）
・お客様のリピートを確保する（会員専用のサービスなどの導入）
・お客様が楽しくショッピングできるようにする（独自キャラクターの導入、お得な情報やサービスの提供など）

・商品の説明を明確にする（口頭で直接説明できない点を補うため、わかりやすく、かつ詳細な商品説明などが必要）

まずは事業方針を決める

　実店舗で商売をする場合、最初に、「どのような商売をするか」「顧客ターゲットはどうするか」「どのようなお店にするか」といった商売の方針を練ります。これは、ネットショップや通販による場合でもまったく同じです。具体的には、下図の6点を検討します。

　実際に検討する際に忘れてはならない点は、お客様の目線で考えるということです。また、これらの方針は、決して、一度作成したら終わりということではありません。ビジネスをスタートさせた後も常に検証を加えながら、よりよいものに改善していくことが必要です。

　初めて開業する場合、方針を決める際に、「どのように顧客満足度を高めるか」という、意識を自分なりに持っておくことが大切です。

■ 商売の方針の検討

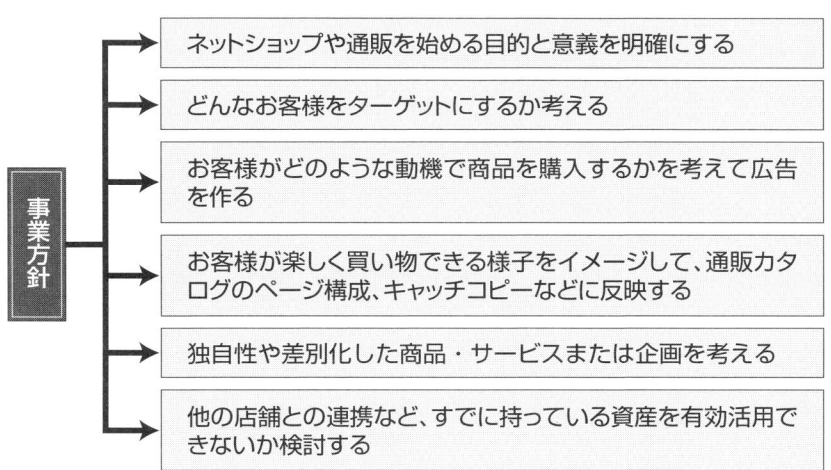

2 開店前に用意しておくことを把握しておこう

システム面では、ショッピングカートとホスティングが必要

● ショッピングカートが必要になる

　ネットショップを開店する場合、まず、ショッピングカートというシステムが必要になります。これは、販売する商品の注文を受け付け、決済をするためのシステムです。このシステムを導入する方法には、①ショッピングカートシステムを提供する専門会社に頼む、②ショッピングモールに参加する、③独自に開発する、の3種類があります。

① **ショッピングカートシステムを提供する専門会社に頼む**

　ネットショップの開店を一からサポートしてもらえる会社はたくさんあります。初期費用が数千円、運営費用も月数百円以下という安価なサービスから、運営費用だけでも月数万円以上かかるような高額なサービスまでさまざまです。一般的には、料金が高いサービスは、システムが充実していたり、売上アップのためのコンサルティングが手厚いという特長があります。

② **ショッピングモールに参加する**

　楽天やYahoo！などが運営するネットショップを集めたサイトのことです。モールへの参加とは、デパートに出店するようなイメージです。モールには、ショッピングカートやその他のサービスもついていますので、簡単にショップをオープンできます。

③ **自分で開発する**

　初期費用がゼロですむ上、さまざまな独自の機能を付加でき、他のサイトと差別化が図れるというメリットがあります。ただし、開発には、高度なIT技術が必要ですし、外部委託すると非常に高い開発費が必要になる場合もあります。実際は、専門的な技術や資金力がなければ難しい選択だといえるでしょう。

● モールに参加するには

　ショッピングモールに参加するには、モールの運営会社と契約する必要があります。楽天の「楽天市場」やヤフーの「Yahoo！ショッピング」、ディー・エヌ・エーの運営する「ビッダーズ」などが有名です。

　これらのサイト運営会社にネットを通じて申し込み、出店審査を受けた後、出店料を支払えば、すぐに店舗を立ち上げることができます。申込から出店まで最短で２～３日程度というケースもあります。

　モールに参加するメリットは、上記のように簡単にショップを開店できるということ以外に、集客力があるという点が挙げられます。また、モールであれば、いろいろな目的や嗜好（好み）を持ったお客様が来店する分、本来、自分が想定していなかったようなお客様が商品を買ってくれるという可能性も出てきます。

　しかし、デメリットもあります。モールの最大のデメリットは、モール側からの購入客に関するデータ提供や、他のサイトとの連携に制限があるということです。せっかく、モノが売れても、自分の商売を発展させるための最高の資料である、商品を購入したお客様に関する詳細なデータがショップの運営者には提供されません。また、モール側に対して販売手数料の支払いが必要になるケースや、出店したショッピングモールの規約により他のショッピングモールへの出店が制限されることもあります。

● サーバを借りるには

　ショッピングカートシステムを導入するには、そのシステムを保管しておくサーバが必要です。サーバは高価ですので、一般的には、ホスティングサービス（専門業者からサーバ機能の一部を借りること）を利用します。ショッピングカートシステムを提供しているサービス会社では、ホスティングサービスも一緒に提供するのが普通です。

　一方、ホスティングサービスだけ、他の会社から提供を受けること

もできます。この場合は、「借りたサーバに自分でショッピングカートシステムを設置する必要がある」「ショップサイトに不具合が起こった場合の復旧も自分でやらなければならない」などの手間がかかりますが、ショップの他にホームページを併設することなども可能になります。ネットショップとホームページを上手に活用することでより効率的に運営することも可能になります。

　ホスティングサービスを選ぶ基準としては、①サポート体制、②サービス料金、③データ転送量、④セキュリティ、⑤CGI（サーバとブラウザ間で双方向な処理を実現するしくみ）やPHP（Webページを動的に生成する拡張プログラム）に対応していることをはじめ、JavaScript（Webページにアニメーションなどの視覚効果を加えるプログラム）やMYSQL（データベースを管理するしくみ）が使用したいバージョンに対応していること、などがあります。

● サイト名やドメインを決める

　ショッピングカートシステムとサーバのレンタルにメドがつけば、システム面での準備は完了です。次に考えなければならないのは、サイト名やドメイン名を決めることです。サイト名やドメイン名はお店の看板です。今後のショップの将来を左右する重要な看板になりますので、慎重に決める必要があります。

　まず先にサイト名を決めます。具体的な命名方法として、①商品の名前をサイト名に入れる、②サイトのコンセプトに合わせた新しい言葉を作り、サイト名にするなどが考えられます。留意点としては、SEO（検索エンジンで上位表示させる対策）も考慮に入れることです。なるべく、検索されやすいような単語を入れるように心がけることも大切です。

　サイト名の次に、ドメイン名を決めます。注意すべき点は、できる限り、サイト名とドメイン名を一致させることです。お店の看板をお客様に覚えてもらうには、統一した方がよいからです。

ドメイン名が決まれば、ドメインの取得に移ります。ドメインには、末尾の違いによって「.com」「.net」「.co.jp」「.jp」などの種類がありますが、.comや.netは、世界的に使われている汎用ドメインですので、有名な代わりにすでに他のユーザーが取得している場合が少なくありません。一方、.co.jpや.jpは、日本国内のサイトであることを意味するドメインですから、.comなどに比べれば、世界的には有名でなくても、競争率は低いといえるかもしれません。また、国内で商売をする場合、.comなどよりも信頼性は高いかもしれません。

● 決済方法はどうする

　商品の決済方法には、①代金引換、②コンビニ支払い、③クレジットカード、④銀行振込などの方法があります。

　代金引換は、通販などでも古くから使われている決済手段です。主要な宅配業者であれば、サービスを提供しています。宅配業者のドライバーが受け取った代金から所定の手数料が引かれ、一定期間ごとに銀行

■ 決済方法の種類

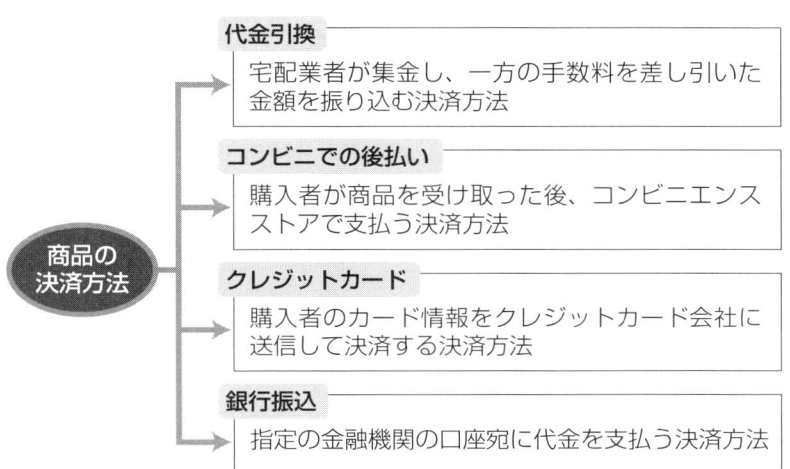

商品の決済方法

代金引換
宅配業者が集金し、一方の手数料を差し引いた金額を振り込む決済方法

コンビニでの後払い
購入者が商品を受け取った後、コンビニエンスストアで支払う決済方法

クレジットカード
購入者のカード情報をクレジットカード会社に送信して決済する決済方法

銀行振込
指定の金融機関の口座宛に代金を支払う決済方法

口座に振り込まれます。振込料金や手数料の負担者についても確認することが必要です。

コンビニで後払いという方式も普及してきました。このサービスは、集金代行サービス会社が提供するサービスで、後払いの場合に生じる恐れのある代金の未回収リスクがないという特長があります。

ただ、現在、ネットショッピングの半分で利用されているのが、クレジットカードによる決済です。ネットショップの運営者にとっては、初期費用や月額費用がかかり、カード情報の取扱いにも注意が必要となる反面、お客様にとっては、利便性が高く、リピーター確保には一番よい決済手段だからです。

● 法律の規制など、その他知っておかなければならないこと

ネットでの販売は、実店舗での販売と同様、事業者と消費者の間で行われるので、消費者契約法（111ページ）の規制を受けます。また、特定商取引に関する法律（特定商取引法、116ページ）が定めている通信販売にあたります。したがって、次のような事柄に注意してください。

商品の販売価格や送料、返品に関する事項、代金の支払時期と方法、商品の引渡時期、事業者の氏名又は名称、住所、電話番号、代表者又は業務の責任者名を広告に表示するようにします。

返品を受けない場合には、返品ができないことを明示する必要があります。返品について表示しない場合は、返品可能として扱われます。返品不可の場合でも、商品に欠陥がある、広告と商品が異なるといった場合、返品や交換は可能です。

広告の表現は、誇大広告や虚偽の広告にならないように注意します。

代金の支払いを前払いとする場合で、顧客から代金を少しでも受け取った場合には、申込を承諾するかどうかなどについて、1週間以内に顧客に書面で通知する必要があります。代金を受け取ってすぐに商品を送った場合には、通知をする必要はありません。

3 開業時や運用面でかかる費用はどの程度かかるのか

開業時には多くて200万円程度、運営費用もいろいろ必要

● 開業段階でかかる費用にはどんなものがあるのか

　個人や中小企業がネットショップを開業しようとする際に必要な費用には、サイト作成費用、ドメインの取得費用、ホスティングサービスつきのショッピングカートシステム利用料、SSLサーバ証明書の費用、カード決済機能の追加費用、SEO（検索エンジンで上位表示させる対策）対策費用などがあります。

　これらのうち、サイト作成費用は、まちまちです。専門の業者に作成を依頼した場合は、30～200万円程度かかります。自分で作成する場合、無料で入手できるデザインテンプレートに加えて、商品の画像を修正するソフト、イラストを作成するソフトなどをそろえることになりますが、高くても30万円程度の出費ですませることが可能です。ドメインの取得費用は年間約1万円程度です。

　ホスティングサービスつきのショッピングカートシステムの利用料も、サービスの提供会社とデータ容量によって違います。初期費用として数万円、月額利用料として無料から10万円程度までさまざまです。

　SSLサーバ証明書の費用とは、電子商取引において、クレジットカード番号などの個人情報を暗号化するために必要な技術を利用するための費用です。年間3万円程度です。

　クレジットカードの決済機能を追加する費用は、初期費用として5万円程度、月額のサービス利用料として5,000円程度かかります。

　SEO対策の費用も、サービス会社によってさまざまですが、おおよそ月額3～5万円前後が一般的のようです。

　まとめますと、サイトの開設時における費用は、40～200万円程度でまかなえることになります。また、開設した後のサイトの維持費につい

ては、年間1～10万円程度です。

● 運営上かかる費用にはどんなものがあるのか

　サイトの維持費以外に必要な費用、つまり、ショップの運営費用としては、広告宣伝費、返品時の商品の廃棄費用、商品の送料、商品の原価といった費用がかかります。

　広告宣伝費には、リスティング広告やバナー広告、メルマガ広告、アフィリエイト、検索エンジン登録、新聞・雑誌広告など、いろいろあります。いずれも、新規のお客様を獲得するのが目的ですので、広告の費用対効果をよく検証した上で出稿するようにしましょう。

　返品については、ネットショップはクーリング・オフ（109ページ）の対象外となりますので、返品には応じない旨をしっかりと表示すれば、考える必要はありません。ただし、商品に欠陥があったような場合は、返品に応じる必要はあるでしょう。一方、欠陥がなくても返品に応じる場合、返品時の商品の廃棄費用を見積もっておく必要があります。

　送料は、頭の痛い費用です。運送会社から提示される運送費によって送料の設定も大きく変わるわけですが、ネットショップでは、5,000円以上の金額で送料無料とするケースが多いようです。

　商品の原価は、売上の45％以内が一般的とされています。ただ、食料品や有名なブランド品など、消費者が販売価格をよく知っているような商品の場合は、値段を上げることが難しいため、原価率を45％以下にすることはかなり難しいかもしれません。その場合、原価率を下げるために大量仕入をしたり、付加価値のついた新製品をメーカーと共同開発するなどの工夫が必要です。

　また、原価率が高くても利益が出せるようにお得意様の数を増やす努力をするといったことも考える必要もあるでしょう。

セキュリティ管理はとても重要になる

プライバシーポリシーを策定し、情報漏えいの危険性に備える

● セキュリティをおろそかにしてはいけない

　顧客情報には、姓名、性別、年齢、住所、メールアドレス、電話番号、クレジットカード番号などがあります。これらはいずれも非常に重要な個人情報と言えます。これらの情報が少しでも漏れれば、どんなによい商品を安く提供していても、ショップの信用は失墜し、商売は続けられなくなります。しかし、それだけならばまだ良い方です。これらの情報が悪意のある他人に渡り、犯罪などに利用された場合、被害者に対してショップの運営者は多額の賠償を負うことになります。

　それでは、「情報を保有しなければ何の心配もない」と考える人もいるかもしれません。しかし、ネットショップでは、お客様との取引が完了したら情報を消去すればよいというわけにはいきません。仮に後日、お客様からクレームや問い合わせが来た場合、お客様の情報がないと対応できないという問題が起こるからです。クレジットカードの決済システムを自分で運営している場合は、その情報をサーバに保存する必要もあります。

　したがって、個人情報の漏えいを防ぐためのセキュリティは、ネットショップの運営者が必ず対応しなければならないと同時に最も注意をしなければならない課題といえるのです。

● 顧客情報の管理のためのルールを決めておく

　個人情報の漏えいを完全に防ぐことは非常に困難です。なぜなら、漏えいには、不正アクセスやコンピュータウイルスの感染など外部の悪意ある人間による場合もあれば、内部スタッフのミスや、悪意による情報の持ち出しなどの場合もあり、これらのケースすべてに完璧に対応でき

るように準備することはほとんど不可能に近いことだからです。
　したがって、情報漏えいを防ぐには、漏えいが起こる可能性を少しでも軽減する対策を講じるというスタンスが現実的です。その上で顧客情報の管理のためのルールや判断基準を定め、方針として明確にします。この方針をプライバシーポリシーといいます。
　なお、セキュリティー対策には、具体的に以下のようなものがあります。
・顧客情報に触れることのできる内部スタッフを制限する
・顧客情報を外部に持ち出すことを禁止する
・顧客情報を保存しているサーバにアクセスできるIPアドレスの制限、情報の暗号化
・ウイルスが感染した場合の緊急対応の方法（ネットワークの切断方法など）
・顧客情報が漏えいしてしまった場合の対処法（漏えい先へのデータ削除の依頼、顧客への告知、問い合わせ窓口の開設など）
　以上のような対策について、基準や実施手順を定めます。それらを踏まえて顧客情報の収集、処理、保存方法について方針として表明します。
　つまり、プライバシーポリシーとはネットショップが顧客の情報を保護するために、定める方針といえます。
　なお、セキュリティはどんなに対策を施しても完璧ということはありません。完璧にすることばかりを優先した結果、対策コストがショップの実力以上にかさんでしまうようでは商売になりません。商売であることも十分考慮に入れて、コスト面からどの程度のセキュリティが可能かを検討する姿勢もネットショップの運営者としては必要です。専門家の意見も聞いて対策を立てるようにしましょう。

書式1　プライバシー・ポリシー（個人情報保護方針）

プライバシー・ポリシー（個人情報保護方針）

　当社は、現代情報化社会における個人情報の重要性及びその侵害の危険性について真摯に認識し、全社を挙げて個人情報の保護に努めるべく、ここに宣言する。

第1条（個人情報の取得）当社は、個人情報を取得するにあたっては、個人情報保護法の理念に沿って、適正な手段を講じるものとする。

第2条（個人情報の管理）
一　当社は、取得した個人情報については、安全かつ正確な管理を行い、かつ、そのために必要な物的・人的体制を整えるものとする。
二　当社は、IT社会における個人情報保護のため、不正アクセス等に対するセキュリティ体制を整えるべく努めるものとする。
三　当社は、取締役以下全従業員、業務上取り扱う個人情報の保護のために、管理方法等の研修を実施するものとする。
四　当社は、個人情報の管理を徹底するために、個人情報保護管理者を任命し、その任にあたらせるものとする。

第3条（個人情報の利用）
一　当社は、取得した個人情報については、その取得に至る利用目的の範囲内において、かつ、業務上必要な限度においてのみ、利用するものとする。
二　当社は、個人情報の取扱いを第三者に委託する場合、第三者と共同して利用する場合には、当該第三者について、厳正かつ適正な調査及び監督を施すものとする。
三　当社は、個人情報の取扱いを第三者に委託する場合、第三者と共同して利用する場合には、外部委託管理規程、外部委託運用細則を遵守し、秘密保持契約を締結するものとする。

第4条（個人情報の第三者提供）当社は、法令に定めがある場合を除いて、事前に本人の同意を得ることなく、個人情報を第三者に対して提供することはしない。

第5条（個人情報の開示等）当社は、個人情報については、その本人からの、開示、訂正、利用停止、消去等の請求がある場合には、適正かつ速やかな対応を講ずるものとする。

第6条（コンプライアンス・プログラムの策定）当社は、本方針の内容を実現し、個人情報保護対策を実現するために、個人情報保護規程等のコンプライアンス・プログラムを策定し、従業員その他関係者に周知徹底し、なおかつ、適宜、改善していくものとする。

平成○○年○月○日
株式会社　○○
代表取締役　○○○○

･･････ アドバイス ･･････

1　プライバシー・ポリシーとは

　プライバシー・ポリシー（個人情報保護方針）は、個人情報保護のための、会社としての基本姿勢を明らかにしたものです。ここでの内容は、個人情報保護規程（次ページ）などで具体化されることになります。個人情報保護方針を自社のホームページ上に掲げておくのもよいでしょう。法律上は方針の作成や公表は義務付けられていませんが、方針を宣言することで、会社としてそれに応じた責任が生じます。公表することで消費者や社会的な信頼を得やすくなりますが、反面、方針に反すれば、社会的に批判されるおそれもあるので注意が必要です。

2　個人情報・個人情報取扱事業者

　個人情報とは、①生存する、②個人に関する情報で、③特定個人を識別できるか、④他の情報と容易に照合できて、特定個人を識別できる情報のことです（個人情報保護法2条1項）。個人情報取扱事業者（個人情報データベース等を事業の用に供している者、個人情報保護法2条3項）は、個人情報の取扱いにあたって利用目的の特定などの義務を負うことになります。

書式2　個人情報保護規程

個人情報保護規程

第1章　総則

第1条（目的） 本規程は、株式会社○○がプライバシー・ポリシー（個人情報保護方針）に基づいて、その保有する個人情報の適正な保護を実現することをその目的とするものである。

第2条（定義） 本規程で使用する用語については、次の各号に定めるところとする。

一　個人情報

　生存する個人に関する情報であって、当該情報に含まれる氏名、生年月日その他の記述等により特定の個人を識別することができるもの。なお、他の情報と容易に照合することができ、それにより特定の個人を識別することができることとなるものも含むものとする。

二　本人

　前号に規定する個人情報により、識別される特定の個人。

三　利用

　当社内で個人情報を処理すること。

四　提供

　当社以外の者に対し、当社の保有する個人情報を利用可能な状態にすること。

五　個人情報保護コンプライアンス・プログラム。

　方針、組織、計画、監査及び見直し等、当社が保有する個人情報を保護するための社内のしくみのすべて。

六　個人情報保護管理者

　個人情報保護コンプライアンス・プログラムの実施及び運用に関する責任と権限を有する者。

七　監査責任者

　個人情報の保護及び管理に関して、監査の実施及び報告を行う責任と権限

を有する者。
八　従業者
　当社の組織内で指揮監督を受けつつ、個人情報の取扱いに従事する者で、取締役、執行役員、監査役、従業員、派遣社員等を含む。

第3条（適用範囲） 本規程は、当社の従業員に対して適用するものである。なお、外部の第三者に対して個人情報の取扱業務を委託する場合においても、この規程の趣旨に従うものとする。

第2章　個人情報の取得

第4条（個人情報の取得の原則） 個人情報の取得については、明確な利用目的の下、当該目的の達成のために必要な範囲内においてのみ行うものとする。

2　前項の個人情報の取得は、適正な方法により行うものとする。

第5条（取得の手続き） 新たに個人情報を取得する場合においては、事前に、個人情報保護管理者に利用目的及び実施方法を届け出て、その承認を得るものとする。

第6条（本人より直接に個人情報を取得する場合の手続き） 本人から直接に個人情報を取得する場合は、次の各号に掲げる事項につき、書面又は電子的方法等これに準ずる方法によって、本人に対して通知をし、本人の同意を得るものとする。

一　個人情報の取得及び利用の目的。
二　個人情報保護管理者の氏名、職名、所属、連絡先。
三　個人情報の取扱いを委託することが予定されている場合にはその旨。
四　個人情報の提供を行うことが予定されている場合は、その目的、当該情報の受領者又は受領者の組織の種類、属性及び個人情報の取扱いに関する契約の有無。
五　本人に、個人情報の開示を求める権利、及び開示の結果当該情報が誤っている場合に訂正又は削除を要求する権利があること。なお、本条に定める各権利を行使するための手続きも含むものとする。
六　個人情報を与えることは、本人の任意であること、及び当該情報を与え

なかった場合に本人に生じる結果。

第7条（本人以外より間接的に個人情報を取得する場合の手続き） 本人以外から間接に個人情報を取得する場合には、書面又は電子的方法等これに準ずる方法によって、前条第一号ないし第五号に掲げる事項を通知し、本人の同意を得るものとする。

2　前項の規定は、次の各号に該当する場合は適用しないものとする。
　一　前条第四号により本人の同意を得ている者から取得する場合
　二　個人情報の取扱いを委託される場合
　三　その他本人の保護に値する利益が侵害されるおそれのない場合

第3章　個人情報の利用

第8条（個人情報の利用の原則） 個人情報は、原則として、具体的な権限を与えられた者のみが、その利用目的の範囲内で、業務の遂行上必要な限りにおいてのみ、利用することができるものとする。

第9条（個人情報の目的外利用） 利用目的の範囲を超えて個人情報を利用する場合には、書面又は電子的方法等これに準ずる方法によって、第6条第一号ないし第六号に掲げる事項を通知し、事前に本人の同意を得るものとする。

2　前項に規定する本人の同意を求める場合には、個人情報保護管理者の承認を得るものとする。

第10条（個人情報の取扱いの委託） 個人情報の取扱いを第三者に委託する場合には、個人情報保護管理者の承認を得るものとする。

2　前項の場合においては、「外部委託管理規程」に定める手続きに従うものとする。

第11条（個人情報の共同利用） 個人情報を第三者との間で共同利用する場合には、個人情報保護管理者の承認を得るものとする。

第4章　個人情報の管理

第12条（個人情報の管理の原則） 個人情報は、その利用目的の達成に必要な

範囲内において、適正な方法のもと、正確かつ最新の状態で管理するものとする。

第13条（個人情報の安全管理対策）　個人情報保護管理者は、その責任において、個人情報の紛失、改ざん、漏えい、破壊、不正アクセス等、個人情報に関するリスクに対して、必要かつ適切な安全管理対策を講じるものとする。

第5章　個人情報の移送・送信

第14条（個人情報の移送・送信の原則）　個人情報の移送・送信は、具体的な権限を与えられた者のみがなし得るものとする。

2　前項の移送・送信を行う場合には、個人情報漏えい等の危険を防止するために必要かつ適切な方法を用い、かつ、業務の遂行のために必要な限りにおいてなすべきものとする。

第6章　個人情報の第三者提供

第15条（個人情報の第三者提供の原則）　個人情報は、事前に本人の同意を得ることなく、第三者に提供してはならないものとする。

2　個人情報を第三者に提供する場合には、書面又は電子的方法等これに準ずる方法によって、第6条第一号ないし第五号に掲げる事項を通知し、事前に本人の同意を得るものとする。

3　前項の場合においては、個人情報保護管理者の承認を得るものとする。

第7章　個人情報の開示・訂正・利用停止・消去

第16条（自己情報に関する権利）　本人から自己の情報について開示を求められた場合には、合理的な期間内にこれに応じなければならない。

2　前項に基づく開示の結果、誤った情報が存在し、本人より訂正又は削除を求められた場合には、原則として、合理的な期間内にこれに応ずるものとする。

3　本人からの請求により、訂正又は削除を行った場合は、知れたる当該個人

情報の受領者に対して、その旨の通知を行うものとする。

第17条（自己情報の利用又は提供の拒否） 本人から、自己の情報について、その利用又は第三者への提供を拒否された場合には、法令に定めのある場合を除いて、これに応じるものとする。

第8章　個人情報の消去・廃棄

第18条（消去・廃棄の手続き） 当社が取得し、管理する個人情報の消去及び廃棄は、具体的な権限を与えられた者のみなし得るものとする。

2　前項の消去及び廃棄を行う場合には、個人情報漏えい等の危険を防止するために必要かつ適切な方法を用い、かつ、業務の遂行のために必要な限りにおいてなすべきものとする。

第9章　組織及び体制

第19条（個人情報保護管理者） 代表取締役は、取締役の中から個人情報保護管理者1名を任命する。

2　個人情報保護管理者は、本規程の定めるところに従い、個人情報保護に関する内部規程の整備、安全対策の実施等を推進するための個人情報保護コンプライアンス・プログラムを策定し、周知徹底等の措置を実践する。

3　個人情報保護管理者は、個人情報保護コンプライアンス・プログラムの周知及び確実な実施のため、随時、教育・訓練を行うものとする。

4　個人情報保護管理者は、個人情報を取り扱う作業が行われるに際し、責任者を任命するものとする。

5　個人情報保護管理者は、本規程の運用のために、細則を定めるものとする。

第20条（監査） 代表取締役は、監査責任者を任命する。

2　監査責任者は、個人情報の管理が個人情報保護コンプライアンス・プログラムに従い、適正に実施されているかにつき定期的に監査を行う。

3　監査責任者は、前項の監査の結果につき、監査報告書を作成し、代表取締役に対して報告を行うものとする。この報告の結果、社内における個人情報

の管理につき個人情報コンプライアンス・プログラムに違反する行為が判明した場合には、代表取締役は、個人情報保護管理者及び関係者に対し、改善指示を行うものとする。

4　前項の改善指示を受けた者は、早急に改善措置をとり、その内容を監査責任者に報告するものとする。この報告を受けた監査責任者は、当該改善措置を評価し、代表取締役及び個人情報保護管理者に対して報告するものとする。

第21条（報告義務及び罰則）個人情報保護コンプライアンス・プログラムに違反する事実又は違反するおそれがあることを発見した者は、その旨を個人情報保護管理者に報告するものとする。

2　前項の報告により違反の事実が判明した場合には、個人情報保護管理者は、その詳細を代表取締役に報告し、かつ、関係部門に適切な処置を講ずるよう指示するものとする。

3　個人情報保護コンプライアンス・プログラムに違反した従業者は、就業規則の定めるところにより、懲戒に処するものとする。

第22条（改定）代表取締役は、適宜、個人情報コンプライアンス・プログラムの改定を、個人情報保護管理者に指示するものとする。

・・・・・・　**アドバイス**　・・・・・・

1　個人情報保護規程

　プライバシー・ポリシー（個人情報保護方針）を受けて、会社内での個人情報の管理及び社内体制について、一般的かつ網羅的に規定したものが、個人情報保護規程です。

2　個人情報の取扱い

　事業者はどのような目的で個人情報を利用するのかを特定しなければなりません（個人情報保護法15条）。一度利用目的を特定すると、原則として現在の利用目的と相当の関連性があると認められる内容を超えて利用目的を変更することはできず（15条2項）、本人の同意を得ないで、利用目的を達成するために必要な範囲を超えて個人情報を取り扱ってはいけない（16条1項）といっ

た制限を受けることになります。これらの規定は、本人の許可なく個人情報を取り扱うことを禁じるものです。

ただし、以下の場合には、本人の同意なく利用目的を超えた取扱いをすることが認められています（個人情報保護法16条3項）。
① 法令に基づく場合
② 生命、身体又は財産の保護のために必要があるが、本人の同意を得ることが困難であるとき
③ 公衆衛生の向上又は児童の健全な育成の推進のために特に必要があり、本人の同意を得ることが困難であるとき
④ 法令に定める事務の遂行にあたり、本人の同意を得ることにより当該事務の遂行に支障を及ぼすおそれがあるとき

なお、個人情報取扱上の義務違反があった場合、主務大臣による勧告が行われたり、刑事罰が科される可能性もあります。

3 個人データの正確性の確保

個人情報保護法は、偽りその他不正の手段により個人情報を取得することを禁じており（17条）、個人情報を取得した場合は、あらかじめその利用目的を公表している場合を除き、その利用目的を本人に通知し、又は公表しなければならないとしています（18条1項）。それに加えてさらに個人データを正確かつ最新の内容に保つ努力をするよう求めています（19条）。これは誤った情報を利用して事業活動や第三者提供などを行うことによって、本人が多かれ少なかれ被害を被る可能性が高いからです。

4 個人データの安全管理義務

個人情報取扱事業者の重要な義務の1つとして、個人データについて「安全管理のための措置」をとることがあげられます。個人データとは、「個人情報データベース等を構成する個人情報」のことです。

具体的な安全管理措置については各分野のガイドラインで定められており、たとえば、「金融分野における個人情報保護に関するガイドライン」では、「組織的安全管理措置、人的安全管理措置及び技術的安全管理措置を含むものでなければならない」と定められています。

問い合わせ対応はマニュアル化しておく

問い合わせ対応の出来は、ショップの将来を左右する

● どんなことに気をつければよいのか

お客様からの問い合わせ対応で重要なことは、以下の9点です。

① フリーダイヤルによる電話対応とメールによる対応の2種類を用意しておく
② 対応は迅速に行う。営業時間中のメールであれば、20分以内に回答する
③ できる限り詳細な問い合わせ又はクレーム対応マニュアルを作る
④ 顧客の話を十分に聞き、確認をする
⑤ 顧客には言い訳しない
⑥ 問い合わせ担当者には責任と権限をはっきりさせ、十分な報酬と定期的な配置換えを行う
⑦ 問い合わせの管理責任者を置く
⑧ 問い合わせ票を作成する
⑨ 在庫管理を徹底し、欠品を防ぐ

問い合わせやクレームは、通常は直接触れ合うことのないお客様の意見を知ることができる数少ないチャンスです。うまく対応できれば、お客様の信頼が増しますし、失敗すれば、二度と利用してもらえなくなってしまいます。したがって、まず、一番大切なのは、お客様の気持ちを察して対応することです。問い合わせの手段を複数設け、迅速に対応することが大切です（①②）。

そして、実際の対応では、お客様を第一に考えているという姿勢を見せることです（④⑤）。

さらに、対応にミスがないよう、社内全体で詳細な対応方法を作成します（③）。対応担当のスタッフにはできる限りストレスがかからない

よう工夫すると同時に、ストレスに報いるような制度を作る必要もあります（⑥）。

　問い合わせの管理責任者は、ネットショップのトップが就任すれば、仕事の責任の重大さがスタッフに伝わると同時に対応担当のスタッフも仕事へのやる気が出ます（⑦）。

　最後に問い合わせを通じて業務や商品の改善に役立てるために、問い合わせ票を作成し、問い合わせ担当以外のスタッフも情報を共有できるような体制にします（⑧）。

　問い合わせ票には、問い合わせ担当者以外のスタッフがチェックすることによって対応漏れを防ぐという効果も期待できます。また、お客様からのクレームは、多くのケースで欠品が原因であることが多いため、欠品を防ぐ注意が必要です（⑨）。

● 問い合わせから顧客の本音を読み取る

　お客様からの問い合わせによって、商品そのものと、問い合わせへの対応の仕方の2つを改善することができます。お客様の声は商品を改善する最高のデータです。また、実際の対応で改善を重ねることにより、対応そのものが楽にできるようになりますし、上手な対応ができれば、普通のお客様を「お得意様」に変えることも可能です。

　問い合わせを改善に結びつけるには、その問い合わせからお客様の本音を読み取らなければなりません。その際に問い合わせ票は有効なツールになります。スタッフ全員が問い合わせの内容を把握できるようになっていれば、さまざまな角度からお客様の問い合わせを分析することができるからです。

　顧客の要望・苦言などを把握し、自社のサービスに反映させるためには、あらかじめ、顧客の意見を把握できるような書面を用意しておくことが大切です。各企業の実情にあわせたフォーマットを用意しておき、意見を受け付けた場合には、記載して、整理しておくのがよいでしょう。

書式3 クレーム対応マニュアル

クレーム対応マニュアル

Ver.1.2
2014年○月○日　○○部　○○　○○　作成

❶ クレーム原因の発生

対応の遅れはトラブルにつながります。

すべての対応において、迅速な対応を心がける必要がありますが、特に、対面と電話での対応には注意して下さい。

❷ 最初の対応について

適切な対応を即座にしなければならないのは、対面と電話での対応です。

▼ 対面でのクレーム
▼ 電話でのクレーム

お客様が感情的になっている場合には、まずは聞き役に徹し、お客様が落ち着いてから内容確認に入るようにします。

▼ 文書でのクレーム
▼ FAXでのクレーム
▼ e-mailでのクレーム

文書・FAX・e-mailでのクレームの場合、誤解されないように、表現に注意する必要があります。

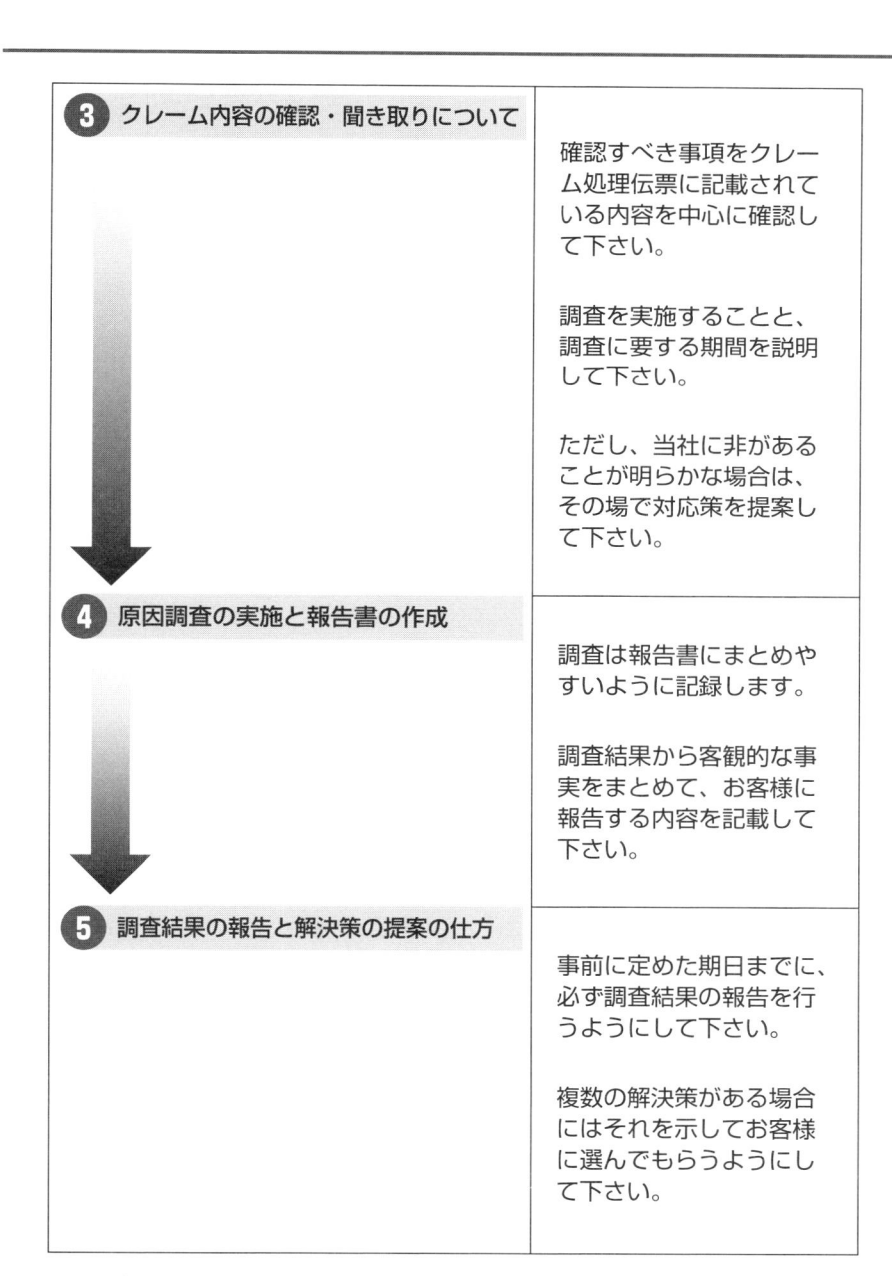

③ クレーム内容の確認・聞き取りについて	確認すべき事項をクレーム処理伝票に記載されている内容を中心に確認して下さい。 調査を実施することと、調査に要する期間を説明して下さい。 ただし、当社に非があることが明らかな場合は、その場で対応策を提案して下さい。
④ 原因調査の実施と報告書の作成	調査は報告書にまとめやすいように記録します。 調査結果から客観的な事実をまとめて、お客様に報告する内容を記載して下さい。
⑤ 調査結果の報告と解決策の提案の仕方	事前に定めた期日までに、必ず調査結果の報告を行うようにして下さい。 複数の解決策がある場合にはそれを示してお客様に選んでもらうようにして下さい。

最初の対応について

　クレームの原因となる問題が生じた場合、たいていは電話でご指摘を受けますが、お客様が直接店頭にいらっしゃる場合や文書、FAX、e-mailが届くこともあります。原則として、対面や電話での対応は、その場での判断が大切になります。

　文書やFAX、e-mailによるクレームに対応する場合には、誤解が生じないように注意して、正確かつ早めに対応するようにして下さい。

　ここでは、対面、電話、FAX、文書、e-mailでのクレームに対する対応法について、分けて解説します。

対面でのクレームへの対応
- ☐ 事実関係の確認が取れるまで安易な謝罪は不要ですが、お客様を不快な気分にさせてしまったことについては、必ず謝罪をするようにして下さい。
- ☐ お客様の話を途中で遮らないようにして下さい。
- ☐ お客様が話をし終えた後に内容の具体的な確認を行うようにして下さい。

電話でのクレームへの対応
- ☐ お客様を長く待たせることがないようにして下さい。電話が鳴ったら最低でも3コール目までには出るようにして下さい。
- ☐ 長くお待たせしてしまった場合には、まずはお待たせしたことについて謝罪してから対応をするようにして下さい。
- ☐ 過去に電話に出る直前に話していた内容がお客様に聞こえてしまい、トラブルとなったことがあります。誰かと話しながら電話をとるような対応は厳禁です。
- ☐ 事実関係の確認が取れるまで安易な謝罪は不要ですが、お客様を不快な気分にさせてしまったことについては、必ず謝罪をするようにして下さい。
- ☐ お客様の話を途中で遮らないようにして下さい。お客様が話をし終えた後に、内容の具体的な確認を行うようにして下さい。

文書でのクレームへの対応
- □ 必ず受取日時を記録し、差出人と名宛人を確認して下さい。
- □ 同封物の有無とその内容を確認し、記録して下さい。
- □ 速やかに、文書・同封物を受け取ったことをお客様にお伝えするようにして下さい。すぐに対策をとれる場合には、受け取った旨を記載した文書と共に対策を提案した文書をお送りします。調査などに時間がかかる場合には、文書・同封物を受け取ったこと、調査を実施すること、結果を報告できる日時を記載した文書を送るようにします。

FAXでのクレームへの対応
- □ FAXでクレームが来た場合には、受信日時・差出人・名宛人を確認し、記録するようにして下さい。
- □ 速やかに、FAXを受け取ったことをお客様にお伝えするようにして下さい。その際には、原則として電話で対応するようにして下さい。

e-mailでのクレームへの対応
- □ 受信日時・差出人・名宛人を確認し、記録して下さい。
- □ e-mailによるクレームを受信したことをe-mailでお伝えし、その後電話で対応をしたい旨をお伝えして下さい。
- □ お客様がe-mailでの対応を望まれた場合には、電話をかけずにe-mailで対応するようにして下さい。

クレーム内容の確認について（聞き取り）

「いつ」「誰が（何が）」「どこで」「何を」「どうしたか」を漏らさずに確認します。確認すべき内容については、クレーム受付伝票に沿って具体的に確認して下さい。また、相手の住所、氏名、電話番号、購入商品等をしっかり確認します。聞き取りに関しては、基本的には対面・電話による口頭でのリアルタイムでの対応か、文書・FAX・e-mailによる文字情報のみによる対応となるかによって、二分されます。

ここでは、口頭による対応と書面による対応に分けて説明します。

口頭（対面・電話）によるクレームの場合

☐ お客様の話を一通り聞き終えてから、クレーム内容について伺って下さい。

☐ お客様の話された内容については、そのつど、復唱するようにして、誤解が生じないように注意して下さい。

☐ お客様が話された内容は、必ずメモに残し、対応を終えたらすぐに受付伝票に記載して下さい。

☐ 当社の商品に問題があったことが明らかである場合の他、以下の場合には、その場で対応して下さい。

① 当社の販売した商品が不良品であったことが明らかな場合、速やかに代替商品をお送りします。この際の送料負担は当社が行うように説明してください。

なお、代替のできない商品の場合は謝罪の上、返金の対応をしてください。

② 購入した商品に付属品等が同封されていなかったとして、お客様が付属品等の送付を請求された場合、速やかに該当品をお送りし、記録してください。この際の送料負担は当社が行うように説明してください。

③ 当社ウェブサイト上からのユーザー登録ができない旨のお申し出があった場合、登録事項を聞き取った上で、対応者が代理で登録して下さい。

書面（文書・FAX・e-mail）によるクレームの場合

☐ 受け取った書面やe-mailを確認し、クレーム内容を把握します。

☐ 記載内容が抽象的でわかりにくい場合、電話で確認して下さい。

☐ クレームがe-mailで送られてきた場合には、電話をしてよいかどうかを事前にe-mailで確認するようにして下さい。

原因調査の実施と報告書のまとめかた

クレームを受け、お客様よりその内容を聞き取った後は、これをもとにして、調査を行い、報告書をまとめます。調査担当者は、私情を挟まず、客観的な事

実に基づいて記録するようにして下さい。

調査実施の順番について
　調査を行う対象は、必ず、以下の①～③の順番で行うようにして下さい。
① 　お客様
　お客様からクレームのご連絡をいただいた際に、調査対象となる内容（クレーム受付票に記載されている内容）を把握しておいて下さい。
② 　第三者
　第三者には、クレームの原因が生じた際に、そのクレームの対象商品や対象者（当社の社員・パート社員・アルバイト等）と関係のある者や付近に居合わせた者などを含みます。
③ 　クレームの対象者又はクレーム商品を発送・梱包した者
　お客様・第三者の声をもとに客観的事実を把握してから、対象者や対象商品の発送者・梱包者から聞き取り調査を行うようにします。

誓約書への記名・押印について
　聞き取り対象者が当社の社員・パート社員・アルバイト等である場合には、聞き取り調査に対して虚偽の申告をしない旨を記載した誓約書への記名・押印を求めるようにして下さい。

記録の仕方
　①の調査内容については、クレーム受付票にまとめておきます。
　②・③については、クレーム調査票に必要事項を記載します。

報告書の作成について
☐　①～③の調査結果を記載したクレーム受付票・クレーム調査票をもとに、報告書を作成します。
☐　報告書は、お客様にお見せしても大丈夫なように、表現には十分注意して記載するようにして下さい。

調査結果の報告と解決策の提案の仕方

　調査の結果が出て報告書をまとめたら、それを踏まえてどのような対応をとることができるのか、洗い出します。対応策が複数あると、お客様に提案する際に、お客様の意思で選んでもらうことができ、よりスムーズに話を進めることができる可能性が高まります。

調査結果の報告
- ☐　お客様とお約束した期日までに調査結果を報告するようにします。万が一、お客様にお約束した日までに調査結果をまとめることができない場合には、事前に遅れていることをお伝えし、新たに報告できる日をお伝えするようにして下さい。
- ☐　調査結果の報告と解決策の提案については、明確に切り分けるようにして下さい。
- ☐　先に調査結果の報告をして、その結果についてご理解をいただけた後に解決策の提案に移るようにして下さい。

解決策の提案
- ☐　お客様に提案をする前に、調査結果と解決策がかけ離れたものではないかどうか、確認して下さい。
- ☐　複数の解決策がある場合には、それぞれの解決策についての特徴をお客様が理解しやすいようにわかりやすく説明をして下さい。
- ☐　解決策の説明をする時には、お客様に押しつけているような印象を与えないように、注意して下さい。

アドバイス

1　クレーム対応マニュアルとは
　クレーム処理や顧客との交渉・対応にあたっての社内の統一ルールです。マニュアルには、以下の点について明確にしておきます。
① どこの部署がクレームへの対応方針を決めるか
② 交渉に当たる部署及び担当者、関係各部との協力関係をどうするか
③ 交渉相手がクレームをつけてきた本人か代理人かで対応の仕方を変えるか
④ どの部署や誰に決済権限をどの程度まで持たせるか
⑤ 交渉記録の作成や保存の方法、過去の交渉記録の閲覧ルール

2　マニュアル作成の注意
　マニュアルは、「①不快な気持ちを抱かせたことに対して謝罪する→②顧客の話を真摯に聞く→③事実を時系列的にまとめる→④対応策を考える→⑤対応する→⑥感謝の気持ちを表す→⑦クレーム情報を分析し、再発防止策を策定する→⑧再発防止策を実行する」という実際のクレーム対応の流れを踏まえた上で作成します。自社に落ち度があった事実について誠意を持って対応する必要がありますが、言いがかりや不当要求に対しては、安易に応じないようにする必要があります。そこでクレーム対応の基本姿勢は事実関係の確認ができるまで、相手方の要求に即答・約束をしないようにすることです。

　作成にあたっては、読み手が理解しやすい文面を心がけることが大切です。読む者が有する知識やスキルのレベルを越える専門用語を多用するマニュアル、まわりくどい表現、あいまいな表現が目立つマニュアルはマニュアルとして使いにくくなるため、文面を意識して作成する必要があります。また、実際に運用しながら、常に「改善できないか」という考えを持ち、改善の余地があると気づいたら、改めることが重要です。

　なお、クレーム処理の一連の流れを端的に把握できるマニュアルと共に、顧客の意見・要望・苦情を受けた場合の対応の仕方を会社の「お客様対応基本規程」「苦情等処理規程」などの社内規程で文書化しておくことも大切です。マニュアルには大まかな流れや要点を記載し、細かい内容については社内規程に記載することで、両者を使い分けることもできます。

6 許可や届出が必要な事業がある

多くの業種が許可や届出の対象とされている

● どんな商品を売るか

　ネットショップで必ず売れる商品というものを具体的に挙げるのは不可能ですが、売りやすい商品には、いくつかのパターンがあることも確かです。たとえば、以下のようなパターンが挙げられます。
・送料を含めた価格が安い
・お客様が飛びつくような奇抜なキャッチコピーがついている
・ネットだから購入するという傾向のある商品である
　ネットだからこそ、売れる傾向が高い商品としては、健康食品、食料品、地方の特産品、化粧品、医薬品（第三類に分類される医薬品）、美容・健康器具などがあります。

● 許可や届出が必要な理由

　販売商品の内容を検討する際には、前述した「売れやすい商品」の検討と共に、「販売に許可取得や届出が必要か」といった点も考慮しなければなりません。たとえば、非衛生的な食品であっても自由に販売してもよいとなると、他人の健康が害される恐れがあります。このような問題を事前に防止するために、行政が事業に対する規制を行い、自由な開業を制限しています。
　事業に関して行政に行う手続きは「許可」「認可」「免許」「届出」「登録」などに分類されますが、さしあたり多くのネットショップに関連する「許可」「免許」「届出」について簡単に説明してみましょう。
　まず、「許可」とは、公共の安全や秩序維持などを目的として、法律によって一般的に禁止されている行為について、行政に許可申請することによって禁止が解かれ、適法に行えるようになるものをいいます（建

設業許可や、風俗営業許可など)。

　また、許可に似ているのが「免許」です。これも一般的に禁止されている行為について、行政が特定の人だけに許すもので、許可と似ていますが、一定の資格や条件を備えた者のみに与えられるものとなります（宅地建物取引業免許や、酒類販売業免許など)。

　これらに対して届出は、禁止されてはいないが、行政が事業の有無・内容を把握しておくために、法律により一定事項の通知を義務付けられているものをいいます（探偵業届出や、食品等輸入届出など)。

● ネットショップに関わる許可や届出

　許可や届出が必要な商品・サービスを取り扱うにも関わらず、これらの手続を行わずに事業を行うと、営業停止処分や罰金等が課される可能性がありますので、注意が必要です。それでは具体的にネットショップに関わる許可や届出にどのようなものがあるか見てみましょう。

① **中古品の販売や買い取り**

　中古品の売買を事業で行いたいとか、インターネットや、ネットオークションで継続的に中古品を取り扱いたい場合、古物商許可を取得しておく必要があります。これは副業で中古品を取り扱う場合であっても同様です。古物商許可については、45ページ以下で取り上げます。

② **食品の販売**

　食品をネット販売する場合、たとえば「農産物を農家から直送する」「加工品を仕入れて販売する」などについては許可をとる必要はありません。しかし、いくつかの種類の食品販売には、食品営業法に基づいて保健所の許可が必要な場合があります。ネットショップで取り扱うと思われる食品販売業は、乳類販売業、食肉販売業、魚介類販売業、氷雪販売業です。たとえば食品を保管する冷蔵設備などについては、行政が定めた設備基準に合致した施設を作り営業許可を受ける必要があります。ネットショップを開設しようと考えている住所地を管轄する保健所にあ

らかじめ相談をしてみましょう。

　必要な設備などを打ち合わせた上で設備の工事を進め、あわせて営業許可の申請書を作成し、提出します。申請書には他に営業設備の大要・平面図、営業施設までの案内図、法人の登記事項証明書（法人が申請する場合）、その他食品衛生責任者の届出、業務従事者の検便成績書、水質検査成績書（井戸水の場合）なども必要です。

　保健所の担当員の検査確認（書類通りに基準を満たしているかの検査）を経て、営業許可書が交付されます。交付まで数日かかりますが、交付があるまでは営業をすることができません。また、営業施設の基準に適合しない場合は許可されませんので、不適合部分を改善後に再検査を受けることになります。

③　酒類の販売

　酒類の販売業をしようとする場合には、酒税法に基づき販売場ごとにその販売場の所在地の所轄税務署長から販売業免許を受ける必要があります。ネットショップで継続的に酒類の販売を行う場合には、2つの都道府県以上の広範な地域の消費者等を対象として通信販売を行うので「通信販売酒類小売業免許」の対象となります。しかし、ネットショップの場合であっても、販売を行う所在地が2つ以上の都道府県とならない（同一都道府県内のみで行う場合）限られた消費者等を対象とした通信販売を行う場合には「一般酒類小売業免許」の対象となります。前者の通信販売酒類小売業免許は「こだわりの酒」を全国に販売するタイプ、後者の一般酒類小売業免許はどんな酒でも扱う量販店がネットで注文を受けて近隣に配達するタイプといったイメージの違いです。

　通信販売酒類小売業免許の申請では、免許申請書に添えて、販売場の敷地の情況や事業の概要、収支の見込みなど、一般免許と同様の書類も添付します。

　しかし、通信販売酒類小売業免許で取り扱うことのできる酒類は、①品目ごとの課税移出数量が、すべて3,000キロリットル未満の製造者が

製造・販売する国産酒類、②輸入酒に限定されているので注意が必要です。①は、品目ごとの課税移出数量が、「3,000キロリットル未満」に限定されているため、テレビなどでCMを流している大メーカーは概ねこれには当てはまりません。免許の申請には、取り扱う酒の蔵元等がこれに当てはまるかどうかを確認することが必要です。また、②については、海外の醸造元というだけで生産量などに制限はありませんが、安定的に継続して取引が行えることを証明する取引承諾書の添付が必要です。文面が外国語で書かれていれば日本語訳も当然必要です。

さらに、ネットショップで販売するわけですから、通販サイトの構築が前提となります。サイトに表示する文言が確認できるように通信販売酒類小売業免許の申請の際、構築中のサイトを印刷した書類なども添付します。年齢確認欄、未成年者に販売しない旨の注意書き等も必須です。

これらの申請については、最寄りの税務署が申請先ですが、酒類免許の専門官である酒類指導官が統轄税務署に常駐していますので、相談は酒類指導官に行います。

④　医薬品の販売

医薬品とは、実際の効果に関わりなく、①疾病の診断や治療・予防に使用する目的をもったもの、②人や動物の構造や機能に影響を及ぼす目的をもったもの、をいいます。これらにあたる商品を製造・販売する場

■ 酒類販売業免許の種類

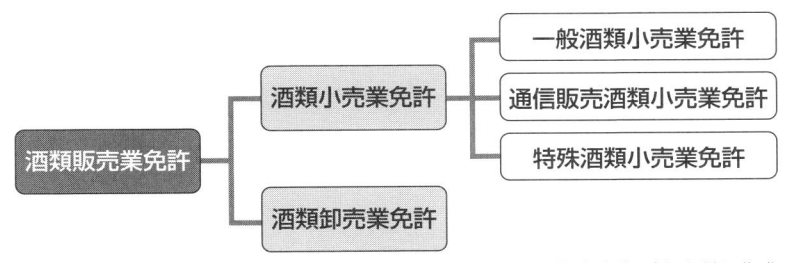

酒類販売業免許
├─ 酒類小売業免許
│　├─ 一般酒類小売業免許
│　├─ 通信販売酒類小売業免許
│　└─ 特殊酒類小売業免許
└─ 酒類卸売業免許

※　国税庁手引き「一般酒類小売業免許申請の手引（新規免許用）」を基に作成

合、都道府県知事などの許可が必要とされています。

　ネットで医薬品を販売しようとする場合であっても、必ず有形の店舗があることが条件です。そのためには、まず「薬局開設許可」又は「店舗販売業許可」を受けていなければなりません。新規に許可を受けようとする場合には、所轄の保健所に、薬局許可申請書や店舗販売業許可申請書を提出して手続きすることになります。その上で、ネット販売などを含む通信販売を行うための手続きとして、「郵便等販売届出」を行います。その際、郵便等販売届出書と、添付書類として店舗の平面図などを保健所に提出しなければなりません。

　ネットショップでの医薬品の販売については、2009年以来、第3類医薬品を除いて販売できませんでしたが、2013年12月臨時国会で薬事法改正が成立し、一般用医薬品の99％以上についてネット販売（特定販売）が法的に可能になりました。ただし、週30時間以上薬剤師が対面で販売を行う店舗に限ってネット販売ができます。

⑤　健康食品の取扱い

　法律上、健康食品の定義はありませんが、健康食品による健康被害事件は少なくありません。いわゆる健康食品において医薬品成分を含むものは医薬品とみなされ、厚生労働大臣の承認及び許可を受けずに製造販売することは、薬事法で禁止されています（無承認無許可医薬品）。また、医薬品成分の含有以外にも、「医薬品的な効能効果を標榜しているもの」「アンプルのような医薬品的な形状であるもの」「医薬品的な用法・用量であるもの」も医薬品とみなされて薬事法の適用を受け、こうしたものの販売は薬事法に触れるおそれがあるので、注意が必要です。

　しかし、健康食品の販売は、許認可の観点から言うと、食品の販売であることに変わりはありません。したがって、食品の販売と同様、特に役所などに販売の許可や届出の申請をする必要はありません。基本的に、②食品の販売を参考に対応すれば問題はないといえるでしょう。

　ただし、前述した薬事法への抵触問題の他に、健康食品の場合は、一

般の食品に比べ、虚偽表示、誇大広告などが大きな問題になるので、関連する景表法、特定商取法などの規制にも十分に注意を払う必要があります。

⑥　その他

以下の物については、ネットショップで取り扱うにあたって注意が必要です。

・ペット（動物取扱業登録）

動物愛護法などに基づき、営業開始前に、都道府県（政令市）の長に対して、第一種動物取扱業登録申請書を登記簿謄本（法人の場合）、動物取扱業の実施の方法、飼養施設の平面図、飼養施設付近の見取図などと共に提出して、動物取扱業の登録をする必要があります。登録申請をする際には、事業所ごとに常勤の職員の中から専属の動物取扱責任者を選任する必要があります。対象となる動物は、哺乳類、鳥類　爬虫類に限ります。

・輸入する食品・子供が口にする食器・おもちゃやベビー用品（食品等輸入届出）

■ 医薬品販売業の種類

種類	内容	必要な許可
店舗販売業	一般用医薬品を店舗で販売・授与する業務	店舗の所在地の都道府県知事許可
配置販売業	基準を満たす一般用医薬品を家庭などに配置することにより販売・授与する業務	配置する地域の都道府県知事許可
卸売販売業	医薬品を、薬局開設者や医薬品の製造販売業者などに対し、販売・授与する業務	営業所の所在地の都道府県知事許可

※申請書類の提出先は保健所など。
　店舗販売業について、その店舗の所在地が保健所を設置する市又は特別区の区域の場合、許可権者は市長又は区長。
　医薬販売業の他に、薬局開設者も業務として医薬品を販売することができる。

食品衛生法27条では「販売の用に供し、又は営業上使用する食品、添加物、器具又は容器包装を輸入しようとする者は、厚生労働省令の定めるところにより、そのつど厚生労働大臣に届け出なければならない」と規定し、輸入届出を行わない食品などについては国内で販売できないとしています。そのため、食品輸入に関しては、国内商品では届け出の必要がなかった野菜や果物などの農産物から、缶詰、缶ジュースなどの加工済み商品に至るまで、安全性確保の観点から、食品衛生法に基づき届出が必要とされています。食器やベビー用品もその対象となります。

　届出は、食品等輸入届出書（厚生労働省のウェブサイトからもダウンロードできます）と共に「原材料、成分又は製造工程等に関する説明書」などを添えて、輸入した港を管轄する厚生労働省検疫所に行います。検疫所では、食品衛生法に基づく適法な食品等であるかについて食品衛生監視員が審査を行い、適法（＝合格）と判断された食品等は通関を進めます。違反（＝不合格）と判断された食品等は、日本国内に輸入することはできません。違反の内容は、厚生労働省検疫所から輸入者に対し通知されるので、以後の取扱いは検疫所からの指示に従います。

・化粧品の販売

　化粧品は薬事法の規制対象物とされており、ネットショップで海外から直接ブランド化粧品などを輸入して国内販売する場合、都道府県知事（場合によっては市長又は区長）に対して申請書を提出し、保管についての化粧品製造業許可及び出荷についての化粧品製造販売業許可を取得することが必要です。また、許可取得後に地方厚生局への化粧品輸入届の提出も必要です。一方、国内の化粧品製造業者や輸入業者から化粧品を仕入れてネットショップで販売する場合には薬事法の許可は不要です。

　なお、化粧品と似て非なるものとして「薬用化粧品」と呼ばれる物があります。薬用化粧品は薬事法上、医薬部外品に該当し、化粧品とは区別されます。薬用化粧品を海外から直接輸入して販売する場合、別途医薬部外品についての許可取得が必要です。

7 古物営業開業のための法律や手続きはどうなっているのか

インターネットを利用した売買もさかんに行われている

● 古物営業とは何か

　古物の売買を事業で行う場合や、インターネットやネットオークションで継続的に中古品を取り扱いたい場合、許可を取得しておく必要があります。

　古物とは、「一度使用されたもの」だけでなく、買ったり譲られたりしたが、一度も使用していないものを含みます。古物の具体例としては、古本、古着、骨董品、中古の家具・電化製品、中古車、中古のレコード・CD・DVDなどが挙げられます。古物最大の特徴は、窃盗や強盗といった犯罪によって取得された物品が混じっているおそれがあることです。

　古物の売買が自由に行われると、犯罪に関する物品が処分されやすくなり、その結果、犯罪が助長されることにもなります。

　そこで、古物営業法という法律に基づいた許可制が取られています。古物は法律上13品目に分けられていますが、許可手続自体に大きな違いはありません。

　古物を取り扱う営業は古物営業と呼び、大きく古物商、古物市場主、古物競りあっせん業者の3つに分けられます。ここでは、具体例として、古物商にあたる通常のリサイクルショップと古物競りあっせん業にあたるインターネットオークションについて、法律上の申請手続を概観してみます。

① **古物商**

　古物商とは、簡単にいうと、古物を自ら又は他人の委託を受けて、売買又は交換する営業のことです。古物商とはいかにも古めかしい言葉ですが、具体的には、中古車売買業、中古のCDショップ、古着屋などのリサイクルショップのことだと考えて下さい。もちろん、インターネッ

トを利用して取引する場合も含まれます。

② 古物市場主

古物商間の古物の売買又は交換のための市場（古物市場）を経営する営業です。

③ 古物競りあっせん業者

インターネットオークションが行われるシステムを提供する営業のことです。つまり、古物競りあっせん業者とは、自らはシステム提供して出品者と入札者を募るにとどまるのであって、自分が所持している物品をオークションに出品するわけではありません。ただし、古物競りあっせん業というためには、システム提供の対価として出品者・入札者から出品手数料や落札手数料などのシステム手数料を徴収しなければなりません。逆に言えば、出品者や落札者から一切手数料をとらず、スポンサーからの出資のみでオークションサイトを運営する場合には、古物営業法の「古物競りあっせん業者」にはあたらないので、公安委員会（警察）に届出をしなくてもインターネットオークションサイトを提供することができます。

出品者は通常高い値がつきそうなサイトを選んで出品するのが現実です。古物競りあっせん業の開業を計画している場合には、どのようなサイトを運営すればより多くの出品者・入札者を募ることができるのか、十分にビジネスプランを練る必要があるといえるでしょう。

● 必要な資格や手続き・提出書類

ここでは古物営業を開業するにあたって、必要となる資格や手続き、提出書類など、知っておかなければいけない事項を見ていきましょう。

【資格】

古物営業法上は、特に資格は要求されてはいません（外国人の場合、制限あり）。しかし、法律上欠格事由が定められており（古物営業法4条）、成年被後見人（物事を判断する能力を欠く状態にある人のこと）

や、住居の定まらない者など、古物営業を行う上でふさわしくない者は許可を受けることができません。また、古物商と古物市場主は、営業所又は古物市場ごとに、当該営業所又は古物市場についての業務を適正に実施するための責任者として、「管理者」を1名選任しなければなりません。ただし、未成年者や一定の欠格事由に該当する者は、管理者になることはできません。

【手続き】

大まかな手続きの流れは以下の通りです。

① 古物商

営業を営もうとする者は、営業所（営業所のない者は住所又は居所）が所在する都道府県ごとに都道府県公安委員会の許可を受けます。窓口になるのは「警察署生活安全課防犯係」です。

② 古物市場主

古物市場が所在する都道府県ごとに公安委員会の許可を受けます。

③ 古物競りあっせん業者

営業開始の日から2週間以内に、営業の本拠となる事務所（当該事務所のない者は住所又は居所）の所在地を管轄する都道府県公安委員会に、届出をしなければなりません。窓口となるのは、やはり「警察署生活安全課防犯係」です。

【提出書類】

申請にあたって提出するおもな書類としては、申請書の他に、住民票の写しや登記されていないことの証明書、行政が発行する身分証明などが必要です（申請者本人・役員のものや管理者分が必要です）。法人であれば、さらに定款や登記事項証明書なども必要になります。提出書類は、古物営業の種類によっても異なってきますので、提出先の警察署に確認しておきましょう。

● 申請手数料の額はどうなっているのか

　古物営業の許可申請や再交付申請の際には、手数料が必要になります。手数料の額については申請受理機関である各都道府県警察署のホームページなどで確認することができます。

　東京都の場合、古物営業関係の申請手数料は以下の通りです。

① 　古物営業の許可を受けようとする人　19,000円
② 　古物営業の許可証の再交付を受けようとする人　1,300円
③ 　古物営業の許可証の書換えを受けようとする人　1,500円
④ 　古物競りあっせん業の認定を受けようとする人　17,000円

● ネットショップによるリサイクルショップの許可申請

　リサイクルショップなどを行う場合、実店舗が存在する営業所（営業所のない者は住所又は居所）を管轄する都道府県の公安委員会から古物商許可を受けるのは当然ですが、ネットショップを開業する場合の許可取得は、どう考えるべきでしょうか。

　結論からいうと、実店舗に関して許可申請を行っている公安委員会に対してネットショップのURLを登録することになります。具体的には、古物商許可申請書別紙に古物商を行うネットショップのURLを記載した上で、このURLの使用権限を疎明する資料を提出します。この疎明資料は、プロバイダ等から交付された通知書の写し等でかまいません。

　なお、ネットショップのURLを登録した場合、取り扱う古物の品目、事業者の氏名・名称、許可をした公安委員会の名称と許可番号をWebサイト上に表示しなければなりません。原則は古物を表示するすべてのページに表示する必要がありますが、「古物営業法に基づく表示」といったテキストリンクを設置し、そこをクリックした先のページに記載することも認められます。

● ネットショップで古物商を行う場合の注意点

　まず、ネットショップに限りませんが、リサイクルショップなどの古物商を行う場合は「取引記録の保存義務」が発生します。前述したように古物営業では、窃盗や強盗といった犯罪の追跡を行えることも目的にしているため、高い取引記録保存義務が要求されます。具体的にいうと、「取引年月日」「取引の古物の特徴、数量」「相手の真偽を確認するためにとった措置の区分」「売却（買取）年月日」「売却（買取）相手の住所、氏名、職業、年齢」などの記録を保存しなければなりません。古物営業法の趣旨から考えれば、ネットショップの場合は、メール等すべての記録を保存しておく方が望ましいでしょう。また、取扱営業所はなるべく限定し、一元管理を行えるよう管理者を設定するべきです。

　さらにネットショップでは、相手方と対面しないため、非対面による古物の買い取りを行う場合のための「相手方の真偽を確認するための措置」が具体的に8種類定められています。

① 相手方から電子署名を行ったメールの送信を受けること。
② 相手方から印鑑登録証明書及び登録した印鑑を押印した書面の送付を受けること。
③ 相手方に対して本人限定受取郵便物等を送付して、その到達を確かめること。
④ 相手方に対して本人限定受取郵便等により古物の代金を送付する契約を結ぶこと。

■ ネット上の取引業者に課せられている届出

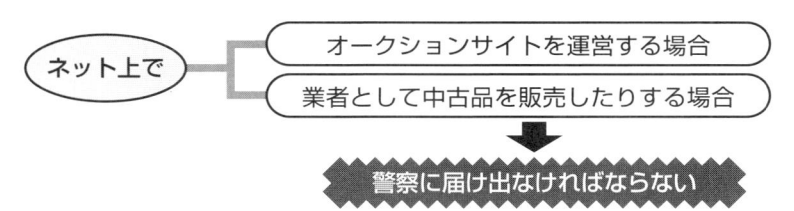

```
ネット上で ─┬─ オークションサイトを運営する場合
            └─ 業者として中古品を販売したりする場合
                            ↓
                  警察に届け出なければならない
```

⑤ 相手方から住民票の写し等の送付を受け、そこに記載された住所宛に配達記録郵便物等を「転送しない取扱い」で送付して、その到達を確かめること。
⑥ 相手方から住民票の写し等の送付を受け、そこに記載された本人の名義の預貯金口座等に古物の代金を入金する契約を結ぶこと。
⑦ 相手方から身分証明書、運転免許証、国民健康保険被保険者証等のコピーの送付を受け、そこに記載された住所宛に配達記録郵便物等を「転送しない取扱い」で送付してその到達を確かめること。あわせて、そのコピーに記載された本人の名義の預貯金口座等に古物の代金を入金する契約を結ぶこと（そのコピーを取引の記録と共に保存することとする）。
⑧ ＩＤとパスワードの送信を受けること等により、相手方の真偽を確認するための措置を既にとっていることを確かめること。

①については「住所」「氏名」「職業」「年齢」をメールにて記載してもらう必要があります。②から⑦については相手から「住所」「氏名」「職業」「年齢」の情報の提供を受け、文書の到達の確認などを行うことになります（電話、メールなど）。⑤で「転送しない取扱い」で送付するのは、転送により受取人の住所が確認できない事態が生じるのを防ぐためです。⑧については「本人確認済みの２回目以降の取引の場合」です。

■ 取引相手の身元確認義務の具体的内容

古物の売買交換

❶ 対面取引の場合
⇨ 取引相手の住所・氏名・職業・年齢を確認
（免許証・保険証などで確認すること）

❷ 非対面取引（インターネット取引など）の場合
⇨ 相手方の真偽を確認するための措置により取引相手の住所・氏名・職業・年齢を確認

8 ドメインのしくみを理解しよう

不正使用する目的でドメインを取得してはいけない

● ドメインとは何か

　ドメインは、インターネット上に存在しているデータの住所のようなもので、アルファベットと記号で表現されます。たとえば、閲覧したいホームページのURLを入力すると、目的のページにアクセスすることができます。

　日本でドメインを使用する場合、原則として「jp」ドメインを使うことになります（「com」などの海外のドメインを管轄している国の機関に申請してとることもできます）。日本の「jp」ドメインの登録管理業務は、株式会社日本レジストリサービス（JPRS）が行っています。

● ドメインと法律の注意点

　ドメインには、会社や学校をはじめとする団体が、その団体名を使用するのが通常です。

　「jp」ドメインを使うには、指定事業者に申請して登録する必要があります。ドメインは住所のようなものですから、同じものは登録できず、早い者勝ちとなっています。ただ、企業名の部分のドメインが同じでも、「co」や「ac」などの組織属性の部分が違えば、同一ドメインではないので、登録される可能性はあります。

　もっとも、申請されたドメインの運用目的が組織属性と合わない場合には、登録されません。

　また、指定事業者などでは、ドメインを登録することの違法性までは調査していません。そのため、ドメインを申請する前には、登録が違法でないか、調べる必要があります。登録商標と同じドメインを他者が取得する場合（商標法）、すでに存在する他社の商号と同じドメインを取

得する場合（会社法）、ドメイン名を不正に取得する場合（不正競争防止法）などに注意しなければなりません。

近年、他社の商号や商標との関係で紛争が多発したため、日本知的財産権仲裁センター（http://www.jp-adr.gr.jp/）が設置され、ドメイン名についての紛争は、同センターで仲裁されるようになりました。

● 登録商標とドメイン取得の関係

ドメインを取得する場合には、商標との関わりも考慮しなければなりません。商標は、商品とサービスの種類によって細かい分類がなされており、同一あるいは類似した商標がすでにある場合でも、区分が異なればこれを理由として登録を拒絶されることはありません。つまり、商品やサービスなどが異なるもの同士が同じ商標を使っても、問題は生じません。

ただ、ドメインについては、すでに存在するドメイン名と組織属性まで全く同じ場合には取得することができません。商業的な目標でドメインを取得する場合には、組織属性がすべて「co」となってしまうため、他業種であった企業同士が同じドメインを取得したいという場面が多く出てくるのです。このような場合、ドメインは先に申請した方の登録を認めるのが原則です。

同様に、会社の場合には自社の商号を踏まえてドメイン名を検討することが必要です。

● ドメイン名の使用が制限される場合

商号や商標は所在場所や区分が違えば、同じでも、併存することはできます。そのため、すでに商標登録してある他社の商標をドメインに使ったとしても、それだけで違法行為を行っているとはいえません。

ただ、他社の登録商標や登記ずみの商号を不正の目的でドメイン登録した場合には、違法となります。たとえば、登録商標を不正の目的で使用した場合には、差止請求や損害賠償請求される場合があります。

また、不正競争防止法によると、ドメインが既存の会社と同一である場合だけでなく、似たものである場合にも、規制対象になります。ドメインを使う者が、登録商標をもつ企業の区分と異なる分野で使用する場合についても、罰せられます。ドメインを取得しただけ、あるいは保有しているだけで、未使用の状態であっても、規制対象となります。

ドメインの不正使用の目的で不正競争防止法に違反した場合、差止請求や損害賠償請求を受ける場合があります。

● 分野別トップレベルドメインが自由化された

インターネットのアドレスについて、末尾部分の「.com」「.biz」「.jp」といった項目のことを分野別トップレベルドメインといいます。

以前は、22種類に限定されていたトップレベルドメインですが、現在は自由化され、企業名や地名をはじめ、商号や商標など自由に使用できるようになりました（アルファベット以外も使用可能）。

国内の例では、2014年1月より日本語トップレベルドメイン「.みんな」がGoogleより提供されることとなりました。続いて、2014年2月には国内初となる地理的名称トップレベルドメイン「.nagoya」が提供開始されるなど、トップレベルドメイン自由化が進んでいます。

■ **ドメインのしくみ**

```
http://www.xyz.co.jp/
  ①     ②   ③  ④ ⑤
```

①http … データの転送方式（Hyper Text Transfer Protocol）
②www … 世界中に張りめぐらされたリンク網（World Wide Web）
③xyz … この部分に企業名、名前、商品名などを登録することが多い
④co … 組織属性を表す
　　　　co（会社）、ac（教育機関）、ne（ネットワーク事業者）、gr（任意団体）
⑤jp … 国名や地域名など分野を表す
　　　　jp（日本）、us（アメリカ）、uk（イギリス）、ch（中国）、kr（韓国）

Part 1 ネットビジネスをはじめる前の手続きと書式

書式4 ドメイン新規取得・契約代行契約書

収入印紙
(課税額は記載金額により異なる)

ドメイン新規取得・契約代行契約書

　○○○○（以下「甲」という）が、××××（以下「乙」という）に代行してドメインを取得する権限を与えるために、本契約を締結する。

第1条（契約の目的） 本契約は、甲が、甲に代行してドメインを取得する権限を乙に与えるために締結する。

第2条（業務） 乙は、甲のために、甲が希望するドメインの取得に関して必要な契約を代行する。

2　甲が希望するドメインが既に取得されていた場合、甲は改めて乙に対して希望するドメインを通知し、乙は改めて通知されたドメインの取得に関して必要な契約を代行する。

第3条（報酬） 甲が乙に支払う報酬は金○○○円とする。ただし、甲は乙に対して、ドメイン利用に必要な費用については、報酬とは別に支払うものとする。

2　ドメインに関する契約を締結した場合、乙は甲に対してその旨を通知し、その通知を受けた日から1週間以内に、甲は乙に対して報酬を支払う。

第4条（ドメインの所有権） 乙が甲のために代行して取得したドメインの所有権は、第3条の報酬の支払いが完了した時点で甲に帰属する。

第5条（秘密情報） 甲及び乙は、相手方から提示された技術上又は営業上の情報のうち、秘密情報として指定を受けた情報については、その情報を第三者に漏えいしてはならない。

第6条（個人情報） 甲及び乙は、本契約に関連して個人情報保護法に定める個人情報を相手方から入手した場合、その情報を第三者に漏えいしてはならない。

第7条（秘密情報・個人情報に関する規定の効力） 第5条、第6条の規定は、本契約が終了した後も存続する。

第8条（免責） 乙は、甲の希望するドメインが既に他の者により取得されており、甲の希望するドメインを取得できない場合であっても、それに関して一切の責任を負わない。

第9条（再委託） 乙は、甲の承諾がなければ、本契約で定める業務を第三者に

委託することができないものとする。
第10条（損害賠償）甲及び乙は、本契約に違反して相手方に損害を与えた場合には、その損害を賠償する責任を負う。
第11条（合意管轄）本契約条項の法律関係に紛争が生じた場合は、甲の住所地を管轄する地方裁判所を第一審の専属的合意管轄裁判所とする。
第12条（協議）本契約に定めのない事項につき、甲乙双方は協議してこれを決定する。

以上、本契約成立の証として、本契約書を2通作成し、甲乙署名又は記名押印の上、各々1通を保有する。

平成○○年○月○日

（甲）埼玉県○○市○○町○丁目○番○号
○○○○　㊞
（乙）神奈川県○○市○○町○丁目○番○号
××××　㊞

・・・・・・ アドバイス ・・・・・・

どんな契約なのか

本契約書では、名称や本文で「代行」と明示していることから、乙はあくまでも「甲の代理人」という立場でドメイン契約を締結するのではなく、「甲」の使者として行為のみを代わりに行う契約です。

乙は甲に成り代わりドメイン取得するため、通常であれば取得したドメインは即時甲に所有権が帰属します。これでは乙の立場が不安定になるため、第4条のように契約書によって調整を図ります。また、申請までの時間差で取得できないこともよくあるため第8条のような免責規定を設ける必要があります。

なお、通常の場合「代行契約（準委任契約）」には収入印紙は不要ですが、本書式は第4条により「無体財産権の譲渡契約書」にあたるとする見解を採用しています。

書式5　ドメイン譲渡契約書

収入印紙
（課税額は記載金額により異なる）

ドメイン譲渡契約書

　〇〇〇〇（以下「甲」という）が、××××（以下「乙」という）にドメインを譲渡するために、本契約を締結する。

第1条（契約の目的）甲が乙に、第2条で定めるドメインを譲渡することを目的として、本契約を締結する。

第2条（ドメインの譲渡）甲は乙に対し、下記のドメインを譲渡する。

記

ドメイン　　　　　http://www.〇〇〇〇.com
ドメインＩＤ　　　××××
ドメイン期限　　　西暦〇〇〇〇年〇月〇日

第3条（代金の支払）本件ドメインを譲り受ける対価として、乙は甲に金〇〇〇円を支払う。

２　乙は、〇月〇日までに、甲の指定する銀行口座に前項に規定する代金を振り込むものとする。振込みの際の手数料は乙が負担するものとする。

第4条（譲渡方法）甲と乙は、〇月〇日に、共同してドメイン譲渡のための手続を行うものとし、手続に要する費用は乙の負担とする。

第5条（ドメインの変更の禁止）甲は、乙の承諾がなければ、本契約締結後に本件ドメインに変更を加えてはならない。

第6条（秘密情報）甲及び乙は、相手方から提示された技術上又は営業上の情報のうち、秘密情報として指定を受けた情報については、その情報を第三者に漏えいしてはならない。

第7条（個人情報）甲及び乙は、本契約に関連して個人情報保護法に定める個人情報を相手方から入手した場合には、その情報を第三者に漏えいしてはならない。

第8条（秘密情報・個人情報に関する規定の効力）第6条、第7条の規定は、本契約が終了した後も存続する。

第9条（損害賠償）甲及び乙は、本契約に違反して相手方に損害を与えた場合には、その損害を賠償するものとする。

第10条（合意管轄）本契約条項の法律関係に紛争が生じた場合は、甲の住所地を管轄する地方裁判所を第一審の専属的合意管理裁判所とする。

第11条（協議）本契約に定めのない事項につき、甲乙双方は協議してこれを決定する。

以上、本契約成立の証として、本契約書を2通作成し、甲乙署名又は記名押印の上、各々1通を保有する。

平成○○年○月○日

（甲）埼玉県○○市○○町○丁目○番○号
　　　　○○○○　　㊞
（乙）神奈川県○○市○○町○丁目○番○号
　　　　××××　　㊞

・・・・・・ アドバイス ・・・・・・

どんな契約なのか

ドメイン名は、インターネット上の住所のようなものです。インターネットに接続されているコンピュータには数字で示されるＩＰアドレスが付与されますが、わかりづらいので、覚えやすい英数字のドメイン名で管理されています。このドメイン名は登録機関に申請して使用します。世界中に2つ存在しえないので、早い者勝ちです。ただし、先にドメインを取得したものから、ドメインを譲り受けることもできます。ドメインを譲り受けるときには本書式のように契約書面で代金や譲渡方法について定めます。

9 サーバの管理について知っておこう

レンタルサーバを利用する場合は、約款にしっかり目を通すこと

● サイトの作成について

　ドメイン名の取得後、サイト作成にとりかかります。消費者に信頼感を与え、見た目にも印象のよいサイトを作ります。

　サイトの作成については、①専門業者に作成を依頼する方法、②自分で作成する方法の2つがあります。

　作成ソフトを購入して自分で作成すれば、業者に頼むよりも費用面では安くすみます。ただし、ネットショップのサイトを作るには、法律の知識が必要になるので、しっかり勉強する必要があります。

　業者に頼む場合は、デザインのよさや料金の安さだけではなく、法律的な知識の有無も判断材料になります。具体的には、サイト作成について要望を伝えた際に、要望通りに作成しても法的に問題がないかチェックできる業者を選ぶのが鉄則です。

　また、作成したサイトの著作権が自分のものになることをしっかり確認しましょう。加えて、サイトが著作権を侵害しないように注意してもらいます。

● トラブルになった場合も想定して利用約款などを読んでおくこと

　ネットショップの運営にはサーバが必要になります。サーバについては、①自分で購入し、保守・管理を行う方法、②レンタルサーバを利用する方法の2つがあります。

　サーバを自分で保守・管理する場合に注意すべきことは、トラブルの責任を自分が負うということです。具体的には、サーバの故障やコンピュータウイルスなどにより、顧客の個人情報が流出した場合は責任を負わなければなりません。

サーバの保守・管理は、手間がかかる上に、技術も必要です。それらの事情を考えると、コンピュータの知識や技術があまりない人は、レンタルサーバを利用するのが賢明です。

　レンタルサーバを利用する場合は、業者がサーバの保守・管理を担当するので、ネットショップの負担は軽減されます。ネットショップ用のサーバは、そのサービス内容や利用料金が業者によって異なるので、事業に適したものを慎重に選びます。

　レンタルサーバの利用申込をする際は、「利用約款」をきちんと読むことが重要です。利用約款は、業者と利用者が結ぶ契約書のことです。利用約款を読む時は、①業者と利用者がそれぞれどんな義務を負うか、②その義務に違反した場合にどんな責任を負うかに注意します。利用約款を読んで不明な点があれば、事業者に確認し、それでも納得できなければ申込を控えるようにしましょう。業者によっては、利用約款を作成していないところがあります。そのような業者のサービスは、利用を控えるのが賢明です。

　また、インターネット接続業者を決める場合も、レンタルサーバの申込の際と同様、利用約款に目を通しておくことが重要です。

■ サーバの調達方法

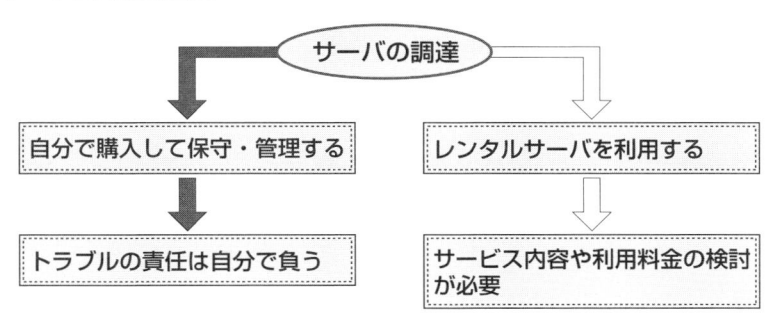

```
              サーバの調達
          ↙              ↘
自分で購入して保守・管理する    レンタルサーバを利用する
          ↓                    ↓
トラブルの責任は自分で負う    サービス内容や利用料金の検討
                              が必要
```

Column

許認可の不要な業種もある

　行政が国民生活のいたるところに介入しているのも事実ですが、どんな事業でも許認可が必要なわけではありません。通信販売業など、下図に記載した業種については、開業にあたって公的な許認可は不要です（関連団体などで独自に免許や資格を与えている場合などがあります）。

　ただし、その事業を開業することについて許認可が不要でも、たとえば、ネットショップでリサイクル商品を取り扱う場合には、古物営業として警察の許可が必要になります（45ページ）。

　取り扱う業務内容によって別途許認可を得ることが必要な場合がある点には注意しなければなりません。

■ 許認可不要で開業できるおもな業種

業　種	注意点
通信販売業	社団法人日本通信販売協会 ネットショップ自体は許認可不要。ただし、扱う商品によっては許認可が必要になる場合あり 例：食品営業→飲食店営業、リサイクルショップ→古物営業
ペット関係	魚類や昆虫類については許可不要。ペットのエサを販売する場合も許可不要
家庭教師派遣業	一般労働者派遣事業、有料職業紹介事業にあたらない通常の家庭教師の派遣事業であれば許認可は不要
eラーニング	ネットを利用した教育に許認可は不要
便利屋	便利屋自体は許認可不要で開業可能。ただし、事業内容によっては許可・届出が必要な場合もある
葬儀業	関連団体：全日本葬祭業協同組合連合会（全葬連） 葬儀業自体は許認可不要。ただし、霊柩車を使用する場合には一般貨物自動車運送事業の許可申請が必要。全葬連の定めるルールブックあり

Part 2

電子商取引をめぐる法律と書式

1 電子商取引について知っておこう

事業者は消費者が申込内容を確認できる措置をとる

● 電子商取引とは何か

　商取引とは、具体的には、物を売る人やサービスを提供する人と物を買う人あるいはサービスの提供を受ける人との間で、物の売買やサービスの提供についての契約を締結することです。消費者と業者の間で締結される売買契約は、知識などの点で対等にあるとはいえないため、消費者契約法や特定商取引法といった法律が適用されます。また、業者間での取引については、適正な取引が行われるようにするために、不正競争防止法や独占禁止法といった法律による規制があります。

　商取引の中でもインターネットをはじめとした、電子的なネットワークを介して行われる商取引を電子商取引といいます。

　インターネット上で取引を行う場合には、ホームページなどの画面にあるフォームの送信機能を利用したり、電子メールを利用して行います。ホームページや電子メールなどのインターネットは、人との交流や情報交換に役立つだけでなく、ショッピングや投資などの商取引にも使われているのです。

● 電子商取引と対面取引との違い

　電子商取引には、通常の対面式の売買と違って、相手の顔が見えないという特色があります。通常、人が取引を行う場合には、相手の様子や企業の雰囲気などを実際に目で見て判断しますが、電子商取引ではそれができません。さらに、売買契約を行ったとして、その契約がいつ成立したものであるか、わかりにくいという問題もあります。また、電子商取引の場合には、契約が成立していることを示すものは紙ではなく、電子データです。電子データは、性質上、改ざんされたりコピーされやす

いため、非常に不安定で、契約の証拠には向かない性質のものです。さらに、電子メールなどを利用して情報の送受信を行うことから、情報が漏れる可能性も高く、実際に個人情報が漏れたケースは多数見られます。特に、オンラインショッピングや金融取引のオンライン化が進み、利用者が増えることで、トラブルも増大しているのが現状です。

そのため、電子消費者契約及び電子承諾通知に関する民法の特例に関する法律（電子契約法）や電子署名・認証制度により、電子商取引の安全が図られています。つまり、電子商取引という特殊な形態の取引契約であるので、通常の取引契約の際に適用される民法の原則を修正したものとなっています。

● 電子契約はどの段階で成立しているのか

消費者と事業者の間で電磁的方法によってコンピュータを通じて結ばれる契約で、事業者が画面に手続き等を表示し、消費者がそれを読んで、コンピュータを用いて申込や承諾の意思表示をする契約（インターネットショッピング）を例に考えてみましょう。

インターネット上での取引では、事業者側は、商品の情報をホームページなどに掲載します。これを申込の誘引といいます。消費者がこの申込の誘引に応じて、商品を注文することを申込といいます。消費者の

■ 電子契約法のしくみ

対象	効果
①電子商取引のうち、 ②事業者と消費者との間の、 ③パソコンなど（電子計算機）を使った申込や承諾を、 ④事業者が設定した画面上の手続に従って行う契約	①操作ミスなどによる意思表示の無効を認める ②事業者側に意思確認のための措置をとらせる ③相手方へ承諾の意思表示が到達したときに契約が成立する

申込の意思表示を受け、応じることを承諾といいます。通常契約は、売主と買主という契約の当事者の間で、申込と承諾というお互いの意思が合致してはじめて成立するのが原則です。しかし、この当事者同士が遠く離れた場所にいて契約をする場合には、申込と承諾の時期にずれが生じます。そこで遠隔者間における契約では、承諾の通知が発信された段階で、（相手に到達する前に）契約が成立するよう民法で定められています。

インターネット上の取引も、お互いに離れた場所での取引ですから、本来であれば承諾の通知が発信された段階で、契約が成立するはずです。ただ、インターネットでは、通常の遠隔地の契約と異なり、承諾の意思表示はすぐに相手に到達します。

このため、電子契約法は、インターネット上の取引の場合には、承諾の通知が相手方に到達したときに契約が成立すると定めました。具体的には、ネットショップで商品を購入する場合、顧客は、連絡先のメールアドレスを店側に伝え、注文を受けた店は、指定されたアドレス宛に承諾の通知を送ることになります。そして指定アドレス宛に承諾のメールを送信する場合、メールの情報がメールサーバに記録された時点で到達したと扱われます。サーバに情報が記録されればよく、顧客が実際にメールを読む必要はありません。サーバに記録された後に、システム障害などによってデータが消滅しても到達の有無に影響はありません。一方、サーバが故障して、承諾メールの情報が記録されていない場合は、到達なしと扱われます。

ちなみにメールサーバに情報が記録されても到達なしと扱われるケースもあります。たとえば、メールが文字化けしている場合や、特殊なアプリケーションソフトで作成されていて読めない場合などです。

● 操作ミスをしても救済される

電子契約法では、消費者の操作ミスの救済が図られています。契約の

原則（民法の原則）によると、重大な不注意で勘違いをして意思表示をしたときは、無効を主張できません。操作ミスは重大な不注意とされる可能性があります。そのため、電子契約法では、この原則に対して例外を定めています。

具体的には、事業者側には、消費者が申込を確定させるより前に、自分が申し込む内容を確認できるようにする義務が課せられています。

内容が確認できるようになっていない場合で消費者がコンピュータの操作を誤った場合には、契約の申込の意思表示が無効とされるわけです。反対に、消費者が申込の意思表示をする画面で、申込内容を確認できるように事業者側が作っていた場合には、消費者側で申込の意思表示の無効を主張することはできません。

また、申込内容の表示を見て、訂正しようとした場合に訂正ができるようにしてある場合にも、無効の主張はできません。

◉ ネット取引の危険性と電子署名

ネット上では相手の顔が見えません。契約の証拠となる電子メールなどは、電子データです。電子商取引では、取引の相手方の身元を確認することが難しく、契約の証拠となりうる電子メールなどが、改ざんされやすいという問題があります。ただ、契約をしたという証拠を残すこと

■ 電子契約法の契約の成立時期

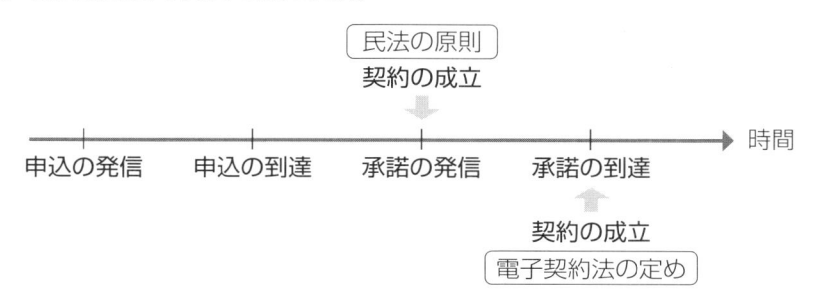

```
                    [民法の原則]
                     契約の成立
                        ↓
   ├─────────┼─────────┼─────────┼─────────→ 時間
  申込の発信   申込の到達   承諾の発信   承諾の到達
                                       ↑
                                    契約の成立
                                  [電子契約法の定め]
```

については、技術の進歩によって、ある程度の対応がなされています。電子署名・電子認証制度です。これらの制度は、電子署名及び認証業務に関する法律（電子署名法）によって守られています。

　電子署名がなされた電子文書は、本人が自分の意思で作成したものであると推定されます。万一裁判になった場合にも、電子署名つきの電子文書が手元にあれば、簡単に証拠として使うことができます。

　電子署名とは、紙文書における署名と同様のものです。現在のところ、電子署名には、公開鍵暗号方式と呼ばれる技術が広く使われています。公開鍵暗号方式は、秘密鍵と公開鍵という2つのデータを使います。この2つのデータは、印鑑登録制度と似たしくみで、それぞれ印鑑と印影のような役割を果たします。電子署名が本人のものかどうかの確認は、電子認証という電子証明書の発行によって行います。

　電子証明書は認証機関（国の認定を受けた民間企業が運営するものなどがあります）が発行します。認証機関に電子証明書を発行してもらうには、事前に本人が身元を証明できるような資料と共に認証機関に申請手続をすることが必要になります。

　このように、電子署名・認証制度では、認証機関が本人の確認をするので、通信の相手方は本人の署名を本物であると信用することができるようになっているのです。

● 特定商取引法が適用される場合とされない場合

　特定商取引法は、販売業者又は役務提供事業者を規制の対象としています。個人であっても、本格的にネット上で物を売っているような場合は、営利目的で反復継続して取引を行っていると判断されることもあり、特定商取引法の規制を受ける場合もあります。また、デジタルコンテンツ（デジタル形式の映像作品、書籍、音楽といったもの）のネット取引の場合も法の規制対象となります。

　一方、販売業者又は役務提供事業者以外の一般の人同士の取引（イン

ターネットオークションやネット上のフリーマーケットなど）の場合は特定商取引法による規制の対象外となります。またネット上の取引のために、事業者がホームページを開設し、いわば取引の場を提供している、というような場合にも、この事業者は取引の当事者ではなく、他人間売買の媒介をしているにすぎないため、規制を受けません。ただし、媒介をするのではなく販売を委託されている場合には、この事業者は規制の対象となります。

また、通販事業で権利の販売を行う場合、一定の指定権利（スポーツ会員権や映画観賞券）を対象とするものでなければ特定商取引法の規制対象にはなりません。

■ 電子署名のしくみ

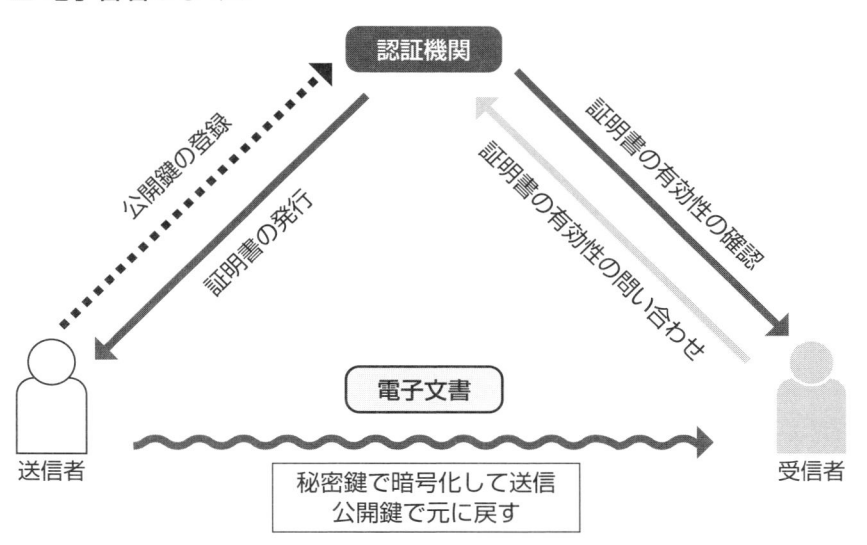

```
                        ┌──────────┐
                        │  認証機関  │
                        └──────────┘
         公開鍵の登録  ↗     ↓↑    ↘  証明書の有効性の確認
         証明書の発行            証明書の有効性の問い合わせ

        ┌─────┐        電子文書         ┌─────┐
        │送信者│ ～～～～～～～～～～→ │受信者│
        └─────┘  秘密鍵で暗号化して送信  └─────┘
                  公開鍵で元に戻す
```

2 なりすましのトラブルについて知っておこう

なりすましの被害者である顧客に責任追及できる場合もある

● なりすましとはどんな場合か

　なりすましは、たとえばAがBのユーザーIDとパスワードを勝手に使い、Bと名乗ってネットショップCから商品を購入する場合です。

　なりすましの事案では、被害者Bとネットショップ Cの間には契約は成立しません。Bには商品を購入する意思もなければ、注文行為も行っていないからです。したがって、ネットショップCは被害者Bに対して、代金の支払いを請求できないのが原則です。なりすましの可能性があるケースで最初にすべきことは、本当になりすましなのか確認することです。不正アクセスなどが行われている可能性もありますから、情報収集のため、サーバ会社にログチェックを依頼したり、警察に被害届を出しましょう。

　調査の結果、Aが犯人だとわかった場合は、CはAに対して、不法行為に基づく損害賠償請求や不当利得の返還請求をします。

　不法行為とは、意図的に（故意）又は、落ち度によって（過失）他人の財産などに損害を与える行為をいいます。不法行為を行った人は、不法行為により生じた損害を賠償する義務を負います。不当利得とは、利益を受ける根拠がないにも関わらず、他人の財産や行為によって利益を受けることをいいます。不当な利益を得た人は、得た利益を返還する義務を負います。ただし、犯人Aの名前や住所が判明しても、Aが代金を支払うだけのお金を持っていない場合には、損害賠償の請求は難しくなります。

● 本人への責任追及が認められる場合

　このように、なりすましの事案ではなりすまし行為を行ったAが責任

を負うのが原則です。ただし、法律用語で表見代理と言いますが、本人Bにも責任があるといえるようなケースでは例外的に本人Bに対する責任追及が可能です。

　また、ネットショップの中には、IDとパスワードを使って本人確認を行っているところがあります。その店が規約に、次のような規定を設けている場合には、顧客（この場合、本人B）になりすましの責任を追及できる可能性があります。たとえば、「入力されたID、パスワードが登録されたものと一致する場合、会員本人が利用したとみなす」という規定がある場合です。このような規定を設ける場合は、店が、通常期待されるレベルのセキュリティ体制を構築していることが前提です。店のセキュリティレベルが通常求められるものよりも低いと、顧客に責任追及できない場合があるので注意しましょう。

　ただ、この規定は、IDやパスワードの管理などについて顧客の落ち度（過失）の有無を問わず、顧客に責任追及できるとする場合には、無効になることがあります。

● 本人がウソをついている場合

　確認の結果、Bが自分で商品を注文したにも関わらず、実際はなりす

■ なりすまし行為とネットショップの採り得る手段

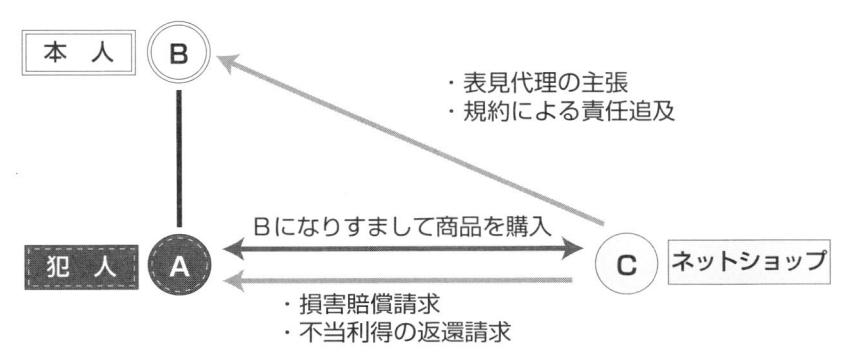

```
   本 人  Ｂ ←――――――――――
                      ・表見代理の主張
                      ・規約による責任追及

                Ｂになりすまして商品を購入
   犯 人  Ａ ←――――――――――→ Ｃ  ネットショップ
           ←――――――――――
                ・損害賠償請求
                ・不当利得の返還請求
```

ましではなく、Bが「なりすましによる商品購入で自分が購入したものではない」とウソをついていることがわかった場合は、通常通りの扱いとなります。つまり、CはBに対して商品を引き渡し、代金の支払いを求めることになります。ただ、ウソをついて代金の支払いを拒むくらいなので、Bは相当悪質な顧客です。商品の受け取り拒否や代金不払いが予想されます。

● クレジットカードなどの決済はどうなる

　なりすましの事案では、ネットショップCと被害者Bの間に契約が成立することはありません。したがって、CはBに対して代金の支払いを請求できないのが原則です。

　ただ、犯人Aがクレジットカード決済やネットバンキング決済を悪用した場合には話が少し複雑になります。CとBの関係の他に、Cと決済業者間、Bと決済業者間の契約関係も問題になるからです。

　カード決済では、Cと決済業者の間で加盟店契約が締結されており、決済業者がCに代金を支払います。なりすましの事案については、加盟店契約により、Cへの支払いが一時保留になることがあります。

　一方、被害者Bと決済業者の間で結ばれた契約関係は立替払契約などによって処理されています。立替払契約は、決済業者がネットショップに商品の代金を立替払いして、その立替払分をカード利用者に請求するという内容です。このような場合、なりすましの問題についても加盟店契約や立替払契約などによって処理されるのが原則です。不正利用された本人の責任の度合いによっても異なりますが、ネットショップが代金を受け取れない可能性もあるため、加盟店契約や立替払契約、その他の規約の内容には注意しておく必要があるでしょう。

3 ネット取引の契約はどのような流れで行われるのか

顧客から注文を受けても店が承諾しなければ契約は成立しない

● 商品情報を掲載する行為は何にあたるのか

　契約は、申込と承諾の意思表示が一致することで成立します。ネットショップの取引については、具体的にどの作業・段階が申込、承諾にあたるのかしっかり理解することが重要です。

　ネットショップの取引は、次の①から③の流れになっています。

① 商品情報をサイト上に掲載します。
② サイトを見た消費者は、欲しい商品をショッピングカートに入れ、必要事項を入力・送信します。
③ ネットショップは、サイト上の表示、又はメール送信などの方法で顧客に通知します。

　②が申込の意思表示、③が承諾の意思表示になります。したがって、③の時点で契約が成立します。

　なお、①の商品情報の掲載は、申込を促す行為（申込の誘引）にすぎず、申込の意思表示ではありません。ただ顧客から見れば、申込の意思表示と申込の誘引を区別することは難しいといえます。この区別の難しさがトラブルの原因になる可能性もあります。どの作業・段階が申込・承諾の意思表示にあたるのか注文手続きのページや規約などでしっかり記載するようにしましょう。

● どのタイミングで承諾の表示をするか

　売買契約が成立すれば、顧客は商品の代金を支払う義務を、ネットショップは商品を引き渡す義務を負います。

　ネットショップの商品説明の中には、「在庫の状況によっては商品をご用意できないことがあります」と書かれている場合があります。しか

し、一度契約が成立してしまうと、たとえ在庫切れであっても、どこかから商品を調達してきて、顧客に引き渡す義務を負います。したがって、承諾の意思表示をする際は、商品を確実に引き渡せるだけの在庫があるか確認することが重要になります。

　在庫を確認して、問題がなければ注文を承諾する旨の電子メールを送信します。一方、在庫がない場合には、在庫切れで注文に応じられない旨のメールを送信することになります。

　なお、承諾するか否かは、ネットショップの自由です。承諾を断っても、法律上責任を追及されることは原則としてありません。

　また、常に在庫がある商品であれば、申込を受けた後、すぐに承諾の意思表示をします。注文を承諾する旨の電子メールを自動送信するようにしておけば手間もかかりません。

　ちなみに、承諾の意思表示との関係で問題になるのが、「注文受領・確認の通知」です。この通知は、店が注文を確かに受け取ったと顧客に伝えるためのもので、承諾の意思表示とは異なります。しかし、通知の文言が曖昧だと、顧客が承諾の意思表示と誤解するおそれがあります。したがって注文受領・確認の通知は、顧客の目から見て、承諾の意思表示ではないとハッキリとわかるような内容にします。

● 商品が遅れて到達した場合はどうする

　商品が引渡期限よりも遅れて到着したことで、顧客に損害が発生した場合、店はその損害を賠償しなければなりません。

　民法の規定では、商品が遅れて到着した場合でも、顧客が即時に返品（契約解除）できないことがあります。しかし、営業上の観点からは、顧客が希望する場合には、店は直ちに返品に応じるのが妥当です。なお、運送会社の落ち度（過失）によって商品が到着した場合にも、ネットショップの落ち度として扱われます。

● **長期不在の場合などはどうする**

　長期の不在や受け取り拒否などの理由で、代金を支払った顧客に商品を引き渡せない場合はどのように対応すればよいのでしょうか。

　代金を支払っている場合は、顧客は契約上の義務を果たしたことになるので、店は契約を解除できません。一方、店は、契約が存続する限りは、顧客が受け取るまで商品を保管する義務を負います。ただし、顧客が合理的な理由なく商品を受け取らない場合は、商品の保管にかかった費用を顧客に請求できます。さらに、保管中に、商品（生鮮食料品など）が劣化してしまうなどの損害が発生した場合も、店は顧客に損害賠償を請求できます。

　商品を引き渡せないことで生じる不都合を避けるには、規約を有効活用することです。具体的には、「長期不在や受け取り拒否があった場合に、店から契約を解除できる」と規約に定めておくと安心です。なお、顧客が代金を支払っていない場合には、店は、契約を解除して、運送会社や郵便局が保管している商品を直ちに引き上げるようにします。

● **配送途中に商品がなくなったりこわれたりした場合**

　運送中に商品が紛失した場合や壊れた場合に、顧客に対して責任を負うのは、ネットショップである点に注意してください。

　不特定物である商品が、配送途中に壊れた場合や紛失した場合、引渡期限に間に合うように商品を再送します。もし引渡期限よりも遅れる場合は、前述したように損害賠償などによって対応します。特定物である商品が壊れた場合や紛失した場合には、返品（契約解除）か損害賠償で対応します。

　なお、ネットショップは、運送業者が意図的に損害を生じさせた場合や、落ち度があった場合は、運送会社に損害賠償を請求できます。ただし、請求できる賠償の範囲は、運送会社とネットショップの間の契約によって制限されることがあります。

4 トラブルを防ぐ規約作りはとても大切

規約に同意しないと、利用申込ができないようにしておく

● 規約とはどのようなものか

　会員制サイトの利用申込の際に、使用方法などの決まりごとへの同意を求められることがあります。この決まりごとが規約です。

　会員の中に、不正行為を行う悪質な会員や不当な誹謗中傷などを行う者が存在する可能性も否定できません。サイトの運営者としてはそのような悪質な利用者へのサービスの提供をすぐに停止したいところでしょう。しかし、サービスの提供を勝手に停止すると契約違反になるおそれがあります。規約を作成するのは、このようなトラブルを予防すると共に、取引の条件を明確にし、トラブルが起きても適切に解決できるようにするためです。規約には、サイトの利用上制限される行為や、違反した会員に与えられる罰則などが定められています。

　ただ、せっかく規約を作成しても、規約にしたがってトラブルを解決できない場合があります。たとえば、規約がすぐに見つけられないような場所に表示されていて、利用者がその存在を知らなかった場合です。

　また、規約の内容が難解で、利用者が意味を理解できない場合、規約が無効と扱われることもあります。

　そこで利用者に規約への同意を求める際には、次の2点に注意します。1つ目は、サービスの利用申込画面に規約を表示し、規約に同意しないと申込ができないしくみにすることです。2つ目は、規約の文言を、すぐに意味が理解できる、わかりやすい表現にすることです。

● オンラインマークとは

　ネット通販サイトの信用性を高めるために役立つのが、オンラインマークです。オンラインマークは、社団法人日本通信販売協会がネット

通販のサイトを審査し、適正と認定した事業者に付与するものです。審査の対象は、特定商取引法などの法律に従い広告表示などが適正になされているか、誇大広告になっていないかなどです。

オンラインマークには有効期間（1年）があり、継続利用を希望する場合は更新が必要です。また取得には費用もかかります。

なお、オンラインマークは商品・サービスの品質や、事業者の経営内容を保証するものではありません。

◎ 規約に基づく契約が成立するには

規約に基づく契約が成立するには、顧客がその規約に同意した上で注文することが必要です。次の3つの条件を満たすと、「顧客が規約に同意して注文した」と主張しやすくなります。

■ オンラインマーク付与認定についての手続きの流れ

```
      オンラインマーク付与認定についての申請
                    ↓
        手数料・オンラインマーク使用料の納付
                    ↓
                  審  査
                 ↙      ↘
        付 与 認 定      付 与 の 否 定
            ↓                ↓
        使用契約書の締結      改 善 の 措 置
            ↓                ↓
        オンラインマークの交付  再審査の請求
```

① 顧客が取引を行う際に、規約が目につくところに、読みやすく表示されていること

　同意する前提として顧客が規約に目を通す必要があるのは当然です。

② 規約の内容が、簡潔かつわかりやすい言葉で書かれていること

　規約が膨大な長さで難しく書かれていると、顧客は、不利益な条項の意味を理解しないまま同意するおそれがあります。顧客が簡単に理解できない規約は、法律上無効になる可能性があります。

③ 規約への同意クリックをしないと商品を購入できないしくみにすること

　同意クリックを要求すれば、「顧客が規約に同意した」という証拠を確実に残すことができます。

● 強行規定に反しないように気をつける

　契約の内容は、当事者の合意で自由に決められるのが原則ですが、当事者間の合意よりも優先的に適用される法律の規定があります。そのような規定を強行規定といいます。強行規定に反する当事者間の合意は無効です。ネットショップの規約についても、強行規定に反するものは無効になりますので注意が必要です。

　特に、事業者の責任を不当に制限する規約の条項や消費者に過大な損害賠償義務を負わせる条項は、消費者契約法の強行規定により無効とされるため、規約の作成にあたって注意しなければなりません。

● 規約の変更と告知

　たとえば、月額3,000円で電子書籍が読み放題という継続的取引に関して、そのサービス内容を変えたい場合は、規約の変更が必要です。ネットショップは自由に規約を変更できると誤解している人がいますが、それは間違いです。サービス内容を大幅に変えてしまうような規約の変更については、個々の利用者の承諾を得る必要があります。

個々の利用者から承諾を得る手間を省くための規定を、規約に盛り込む店もあります。たとえば「規約の変更やサービスの廃止・変更については、利用者が同意したものとみなす」という規定がそうです。

しかし、この規定があれば、個々の利用者の承諾なく、全く自由に規約やサービス内容を変更できるというわけではありません。

この規定の有効性は、変更の程度や変更が消費者に与える影響などを総合的に考慮して決まります。したがって規定や、利用者に提供するサービスの内容を大幅に変更する場合は、変更内容を告知し、個別に承諾を得るのが確実です。

なお、ネットショップが規約を変更する場合には、過去にネットショップを利用したことがある利用者のことを考えて、利用者が新しい規約をすぐに認識できるように告知する必要があります。具体的には、適切な予告期間を設けて、規約の変更内容と変更箇所をサイトのトップページに掲載し、告知します。なお、周知徹底が不十分だと、変更後の規約を適用できない場合があるので注意してください。

● 過去にトラブルがあった顧客の注文を拒絶できるか

ネットショップは、顧客の注文（契約申込）を承諾する義務を負いません。したがって、過去にトラブルがあった顧客と取引したくない場合は、申込を承諾しなければよいわけです。

ただし、注文を拒絶すると、トラブルが発生するおそれもあります。そのようなトラブルを回避するには、規約をうまく活用することです。

規約には顧客による注文だけでは契約が成立しない旨を明記します。さらに、どのような場合にネットショップが承諾したことになるのかを具体的に記載します。さらに、ネットショップが取引を拒絶できる場合について列挙した規定を設け、規約に同意クリックしないと注文できないようにすれば安心です。

書式1 ネットショップ利用規約

ネットショップ利用規約

第1条（目的） 本利用規約（以下「本規約」といいます）は、○○株式会社（以下「当社」）による利用者に対する商品販売条件及び当社と利用者との間の権利義務関係が定められています。本ネットショップを利用するには、本規約のすべてに同意頂くことが必要になります。

第2条（定義） 本規約で用いる用語の定義を次の通り定めます。
　一　「商品」とは、本ネットショップで販売する商品のすべてをいいます。
　二　「利用者」とは、本ネットショップを利用するすべての方をいいます。
　三　「購入者」とは、本ネットショップで販売する商品の購入申込をし、これを当社が承諾した利用者をいいます。
　四　「ID」とは、購入者が本ネットショップを利用する際に、ウェブサイト上に定められた方式に基づいて入力すべき文字列として、購入者が任意に定めたものをいいます。
　五　「パスワード」とは、前号のIDの入力に続いて入力すべき文字列として、購入者が任意に定めたものをいいます。

第3条（適用） 利用者は本規約に同意するものとし、同意しない場合には本ネットショップの利用を認めないものとします。
2　当社と購入者との間の契約についても本規約がすべて適用されます。
3　当社は、利用者の承諾を得ることなく、規約変更、商品の変更及び本ネットショップの廃止をすることができるものとし、本ネットショップ上に改定後の規約を掲載することにより、利用者が規約の変更、商品の変更及び本ネットショップの廃止に同意したものとみなします。

第4条（契約締結の方式） 契約の締結は、当社が商品を利用するための申込方法としてウェブサイト上に定める方式に基づき、利用者が次に掲げる事項を入力して申込を行うものとします。
　一　申込をする商品
　二　氏名

三　住所
四　年齢
五　電話番号
六　メールアドレス
七　ID
八　パスワード

2　当社は前項の申込に対し、相当な期間内に承諾可否の回答を発します。

第5条（契約締結時期） 当社が前条第2項の承諾を発したときに契約が締結され、その効力が発生するものとします。

第6条（本商品利用及び代金支払等） 前条の効力発生と同時に、購入者は、当社がウェブサイト上に定めた決済方法により、本商品の代金支払いを行う義務を負います。

2　当社は購入者が商品の代金を支払うまで、商品の発送を留置することができます。

3　購入者は、商品を入手するために発生する送料、振込手数料、決済代行手数料その他費用を自ら負担するものとします。

4　購入者は商品を返品することができません。ただし、商品の不具合を理由とする場合はこの限りではありません。

5　商品の内容、代金、決済方法並びに引渡時期及び方法等は本ネットショップ上に表示するものとします。

第7条（ボーナスポイント付与） 購入者は商品に付加されたボーナスポイントの付与を受けることができます。

2　購入者は前項に基づき付与されたボーナスポイントを代金として、当社が提供する商品を購入することができます。

第8条（商品の評価） 購入者は、当社が本ネットショップ上で定める方式に基づき、利用した商品の評価をすることができます。

2　当社は、前項の評価が著しく不当であると判断した場合は削除することができます。

3　第1項の行為をするための費用等は購入者に発生しません。

第9条（掲示板の利用） 購入者は、当社が本ネットショップ上で定める方式に

基づき、掲示板に文章の書込みや画像の貼付けを行うことができます。
2　前項の行為は、次に掲げる事項に該当しないと認められる限りで行うことができます。
　一　当社の名誉又は信用を害し、あるいは誹謗中傷するもの
　二　当社の著作権、特許権、実用新案権、意匠権、商標権その他知的財産権を害するもの
　三　その他当社の権利又は利益を害し、あるいは営業を妨げるもの
　四　第三者のプライバシー、名誉又は信用を害し、あるいは誹謗中傷するもの
　五　第三者の著作権、特許権、実用新案権、意匠権及び商標権、その他知的財産権を害するもの
　六　第三者の権利又は利益を害するもの
　七　公序良俗に反するもの
3　当社は事前に通知又は催告することなく、前項に反する書込みを削除することができるものとします。
4　第1項の行為をするための費用等は購入者に発生しません。
5　利用者は、当社により予め定めた期間が終了するまで掲示板に書込みを行うことが可能です。

第10条（譲渡禁止）　購入者は、本規約に基づいて発生する一切の権利を第三者に譲渡し、又は担保に供してはいけません。

第11条（契約の終了）　購入者及び当社が本規約に基づいて有した権利及び義務は、債務が履行されたと同時に消滅します。

第12条（解除）　当社は、購入者に対し差押、仮差押、仮処分、租税滞納処分、破産手続開始の申立て、民事再生手続開始の申立て及び会社更生手続開始の申立てがあったときは、前条の規定に関わらず購入者との契約を解除することができます。
2　長期の不在、受取拒否その他の事情により、最初の配送から1か月以上経過しても商品を受領していただけない場合、当社は購入者との契約を解除することができるものとします。
3　当社は、前2項に定める他、購入者の信用に著しい不安が生じたときも契約者との契約を解除することができます。

4　第1項ないし第3項の解除には、何ら通知催告手続を要しないものとします。

第13条（必要機器の準備）　購入者は本規約上の権利を行使するため、コンピュータ機器、ソフトウェア及び通信機器その他必要機器を自らの負担で準備するものとします。

2　当社は前項の必要機器の準備につきいかなる責任も負いません。

第14条（利用制限）　当社は次に掲げる事項に該当するとき、購入者が本ネットショップを利用することを制限することができます。

一　本ネットショップの運営に必要な保守作業を行うとき

二　購入者又は第三者による本ネットショップの利用により、コンピュータウイルスその他侵害が発生し、購入者、当社又は第三者に損害が発生するおそれがあるとき

三　前号の他、購入者、当社又は第三者の利益を保護するため、必要があると判断したとき

2　当社は前項の利用制限により購入者に生じた損害につき、賠償義務を負いません。

第15条（利用取引の停止）　購入者が商品を利用するにあたって、以下の事項に該当する行為を行った場合には、本ネットショップの利用を停止します。

一　利用者が本規約に違反する行為を行ったとき

二　利用者が、過去に本契約に違反する行為を行い、本ネットショップの利用を制限されていた事実が判明したとき

三　違法な目的、又は公序良俗に反する目的で本ネットショップを利用したとき

四　その他、当社が商品の運用を停止することが望ましいと判断する行為が行われたとき

第16条（不保証）　当社及び当社の商品に協力する企業又は本ネットショップ上の広告企業は、次に掲げる事項につき、保証をし、あるいは債務を負うことはありません。

一　本ネットショップが常時又は永続的に使用できること

二　本ネットショップへの通信が正常であること

三　本ネットショップ又は本ネットショップに掲載される広告等の情報が真実であること
　四　商品が通常有すべき以上の品質を有すること
　五　商品が購入者の要求を満たすこと
第17条（ＩＤ・パスワードの入力及び管理）　購入者は本ネットショップを利用するのに際し、本ネットショップ上に定められた方式に基づき、ＩＤ及びパスワードを入力するものとします。
２　購入者はＩＤ及びパスワードを自ら管理する責任を負います。
３　購入者はたとえ第三者の行為であったとしても、自己のＩＤ及びパスワードを用いてなされた申込について、当社に対して一切の責任を負います。
４　当社は購入者のＩＤ及びパスワードを漏えいしません。
第18条（情報提供）　当社は購入者に対し、第４条第１項の申込に添えられた住所、電話番号又はメールアドレスに宛てて、商品の提供に必要な連絡、広告その他情報提供を発信することができます。
２　前項の発信は、当社の営業に支障のない限り、購入者の希望する方法によって行います。
第19条（申込事項の変更）　購入者は第４条第１項の申込に係る事項に変更が生じたときは、当社が本ネットショップ上で定める方式に基づき、直ちに入力して当社に連絡するものとします。
２　購入者が前項の連絡がなされないために被った損害につき、当社は何らの責任も負いません。
第20条（個人情報の利用及び管理）　当社は、本ネットショップの利用者に関して知り得た購入者の個人情報を取り扱う場合、自己の責任において、個人情報の保護に関する法律（平成15年５月30日法律第57号）、その他の法令に従い適切に利用及び管理します。
第21条（通信の秘密）　当社は、電気通信事業法（昭和59年法律第86号）に基づき、利用者の通信の秘密を保持します。ただし、法令の定めに基づいて、官公署等から開示の要求があった場合はこの限りではありません。
２　当社は、特定電気通信役務提供者の損害賠償責任の制限及び発信者情報の開示に関する法律（平成13年法律第137号）第４条第２項の定めに従い、開

示するかどうかにつき、投稿又はデータ送信情報の発信者に意見を聴くものとします。ただし、当該開示請求に係る侵害情報の発信者と連絡が取れない場合、その他の特別な事情がある場合はこの限りではありません。

第22条（その他の損害賠償請求権） 当社は、利用者が本規約の違反その他、利用者の責に帰すべき事由により被った損害につき賠償請求をすることができます。

第23条（解除と損害賠償） 当社は契約を解除した場合であっても、前条の規定による損害賠償請求をできるものとします。

第24条（購入者の損害賠償請求権） 購入者は自己責任において当社商品を利用するものとし、購入者が当社商品の利用により被った損害につき、損害賠償請求をすることができません。

2　当社の故意又は重過失により購入者が損害を被ったときは、当社は当社の行為から直接生じた損害の実額を限度として賠償することがあります。

第25条（不可抗力による免責） 当社は、地震、津波、台風、竜巻、大雨、洪水、自然火災、伝染病その他の自然災害、戦争、テロ、暴動、ストライキその他、社会的災害又は事件、航空機、鉄道、船舶その他交通機関の事故及び故障等不可抗力に起因して商品の提供が不能若しくは遅滞した場合には、債務不履行の責任を負いません。

第26条（準拠法、合意管轄） 本契約の準拠法については日本法が適用されるものとします。

2　本規約に関して万一紛争が生じた場合は、○○裁判所を第一審の専属的合意管轄裁判所とすることとします。

附　則
2014年4月1日　制定・施行。

アドバイス

1　どんな規約なのか

本書式例は、自社が運営するショッピングサイトを介して商品を購入する利用者・自社間のみに適用されるルールを定めたものになります。第3条は、75ページで述べたように、Webサイト上で表示する規約が通常の契約のように当事者間で有効に適用される明確な根拠の1つとなります。

2　ネットショップ利用規約における注意点

① 契約の成立時期

通常、インターネット上の取引では、承諾の通知が相手方に到達したときに契約が成立すると定められています（64ページ）が、これでは受信エラーなどによって顧客とのトラブルが発生する可能性があるため、第5条のように自社が承諾を発した時を契約成立とすることもあります。

② トラブルの予防措置

第8条や第9条では購入者が商品の評価やその他の書き込みをできることに対するトラブル予防措置を設けています。特に、いずれも削除権限を自社に留保していることがポイントです。実務上では書式例よりもさらに具体的な例示をするとよいでしょう。

③ 不保証条項の考え方

ネットショップに限りませんが、利用規約には「不保証条項」というものを規定することがあります（第16条）。Webサイト運営では、損益を考慮した結果、サイト運営のメリットがなくなれば突然運営を停止することがあります。そこで、予め「サイトが常時又は永続的に使用できること」に関する不保証を明示しておきます。また、サイトへの正常なアクセス、サイトに掲載されている情報の信憑性、顧客満足などに関しても同時に規定することがあります。

④ 登録されたメールアドレスの取扱い

第20条の個人情報の取扱いだけでなく補助的に第18条で、メールアドレスについての規定を定めています。これは個人情報保護法における「利用目的の特定」であり、一般的にオプトイン方式といわれるものです。利用者から事前に同意を得ておくことで適法に広告配信や情報提供を行うことができます。

書式2　SNS利用規約

SNS利用規約

　本利用規約（以下「本規約」という）は、株式会社○○○○（以下「当社」という）が提供するサービス（以下「本サービス」という）の提供条件及び当社と当サービス利用者間の権利義務関係を定めたものです。本サービスを利用するには、本規約のすべてに同意頂いた上で、本規約及び当社が別途定める方法により会員登録を行って頂くことが必要となります。

第1条（定義） 本規約上で、使用される用語の定義は次の通りとします。
　一「本サイト」とは、当社が運営し、本サービスを提供するWebサイト（http://○○○○.co.jp）をいいます。
　二「利用者」とは、本サイトを利用する目的で会員登録している者をいいます。
　三「登録ML」とは、本サービスの提供を受ける目的で、利用者が当社に提供した電子メールアドレスをいいます。
　四「投稿」とは、ネットワークを通じてテキスト又はデータ（画像、動画、その他のデータを含みます）を本サイトに送信することをいいます。
　五「メールマガジン」とは、電子メールによって発行される雑誌、又は電子メールによって利用者に対して、定期的に情報を届けるシステムをいう。

第2条（適用範囲） 本規約は、本サービスの利用者及び利用者に関わる第三者と当社間のすべての関係に適用されます。
2　当社が本サイト上で掲載する本サービス利用に関するガイドライン（http://○○○○.co.jp/××××.html）は、本規約の一部を構成するものとします。
3　本規約の内容と、前項のガイドライン及びその他、本サービスに関する説明が異なる場合、本規約の規定が優先して適用されるものとします。

第3条（サービスの詳細） 会員は次に定める本サービスを無償で利用することができます。ただし、本サービスを利用する場合に必要な情報通信機器等による電子メール受信やWebサイト閲覧その他必要な通信費用の一切は会員

が負担するものとします。
　一　プロフィールの登録・更新機能
　二　知人、ジャンルごとのコミュニケーションネットワークの構築・共有及び検索機能
　三　テキスト、写真及び動画などの投稿・閲覧機能
　四　メッセージの送受信機能
　五　本サイト内への個別ページ作成機能
2　当社は、本サービスに関して、内容・サービス利用料の有無、本サービスの提供方法の変更、休止又は廃止等を自由にすることができるものとします。ただし、これらの変更を行う場合は、本サービスWebサイト又は電子メールによって事前に通知・催告をいたします。
3　前項の本サービスの変更内容は、当社が本サイト内に掲載したときから効力を生じるものとします。
4　18歳未満の方が、本サービスを利用する場合、利用が制限される場合があります。

第4条（会員登録）本サービスの会員登録に関して、原則として登録料は発生しません。本規約のすべてに同意頂ける方であれば、どなたでも会員登録して頂くことができます。
2　会員登録は、本サイト内に定められた本サービス利用に関するガイドラインに従って正確な内容を入力するものとし、虚偽又は偽装など、事実に反する内容を登録することを禁止します。
3　会員登録に関して、次の各号に該当する場合は、登録又は再登録を拒否することがあります。なお、当社は拒否理由について一切開示義務を負いません。
　一　当社に提供された登録事項の全部又は一部につき虚偽、誤記又は記載漏れがあった場合
　二　登録希望者が従前に当社との契約に違反又は違反者の関係者であると当社が判断した場合
　三　その他、当社が登録に際して適当でないと判断した場合
4　会員は、会員登録に際して届け出た事項に変更が生じた場合、速やかに本

サイト内にて定めた方法によって、登録内容の変更、修正を行うものとします。当該変更及び修正を会員が怠ったことにより当該会員が損害を被った場合であっても、当社は一切の責任を負わないものとします。

5　当社は、本サービスに関して得た会員の個人情報を個人情報の保護に関する法律（平成15年5月30日法律第57号）及び当社「プライバシーポリシー（http://○○○○co.jp/□□□.html）」に基づき、適切に取り扱うものとします。

6　当社は会員が受信を了承した場合に限り、本サイトから会員に対し、メールマガジンなどの電子メールを送信する場合があります。

第5条（利用の開始） 本サービスに関して、本サービスの利用を希望する者（以下「登録希望者」といいます）が前条に定める会員登録を行った場合、これを受けて当社が登録完了通知を送信します。

2　前項の登録完了通知を登録希望者が登録MLによって受信した時点で利用者とみなされます。また、利用者が当サービスを利用するためのID及びパスワードを設定した時点で当サービスを利用開始できることとします。

第6条（退会） 利用者は、本サイト内に定められた方法に従って本サービスから退会し、会員登録を抹消することができます。

2　前項の退会をする場合、利用者が当社に対して負っている残存債務があれば、当該債務の一切について当然に期限の利益を失い、直ちに当社に対してすべての債務を履行しなければなりません。

第7条（登録抹消等） 当社は、利用者が次の各号のいずれかに該当する場合、事前に通知又は催告することなく、利用者に対する本サービスの利用停止又は会員登録を抹消することができるものとします。

一　本規約のいずれかの条項に違反したとき
二　当社からの問い合わせ、その他の回答を求める連絡に対して21日以上応答がないとき
三　本規約第4条第3項各号又は第10条に掲げる禁止行為のいずれかに該当する場合
四　前各号に定める他、当社が本サービスの利用又は利用者としての登録について適当でないと判断した場合

2　前項の登録抹消がなされた場合、利用者が当社に対して負っている残存債

務があれば、当該債務の一切について当然に期限の利益を失い、直ちに当社に対してすべての債務を履行しなければなりません。

3　当社は、本条に基づく当社の措置により利用者及び利用者に関わる第三者に生じた損害について一切の責任を負いません。

第8条（利用環境）利用者は、本サービスを利用するために必要な機器、ソフトウェア及び通信手段等を自己の責任と費用において、適切に整備しなければなりません。

2　利用者は自己の利用環境に応じて、コンピュータウィルスの感染の防止、不正アクセス及び情報漏えい防止等のセキュリティ対策を講じるものとします。

3　当社は利用者の利用環境について一切関与せず、何らの責任も負いません。

第9条（ID・パスワード）当社は、利用者に対してID及びパスワードなどの認証情報（以下「ID等」という）を発行します。なお、IDは登録希望者が登録時に任意で指定した文字列により発行し、パスワードは英数字を混在させた8文字以上の推測されにくい文字列で利用者自身が随時更新するものとします。

2　利用者は、ID等を第三者に利用させる行為並びに、貸与、譲渡、名義変更、売買及び質入等いかなる処分もすることはできません。

3　利用者は、ID等を自己の責任において厳重に管理しなければならず、万一、ID等が不正に利用された場合、これに基づき当社又は第三者に生じた損害等はすべて、そのIDを保有する利用者が負担するものとします。

4　利用者は、ID等が不正に利用されていることを知った場合には、直ちに当社に、その旨を連絡する義務を負います。

第10条（禁止事項）利用者は、本サービスの利用に際し、次の各号のいずれかに該当する行為又は該当すると当社が判断する行為を禁止します。

一　当社、利用者又は第三者の知的財産権、肖像権並びにプライバシー権の侵害行為

二　当社及び他の利用者又は第三者の名誉・信用を毀損する行為

三　当社及び他の利用者又は第三者に対する詐欺及び脅迫行為

四　当社及び他の利用者又は第三者に対する誹謗中傷及び差別行為

五　当社及び他の利用者又は第三者の財産を侵害する行為、又は侵害する恐

れがある行為
　六　当社及び他の利用者又は第三者に対して経済的損害を与える行為
　七　本サービスのネットワーク又はシステム等に過度な負荷をかける行為
　八　本サービスの運営に支障をきたす行為
　九　当社のネットワーク並びにシステム等に不正にアクセスし、又は不正なアクセスを試みる行為
　十　公序良俗に反する行為
　十一　当社が社会通念上、不適切と判断する行為
　十二　前各号に定める他、法令に違反する行為
2　利用者は、本サービスを利用して次の情報を投稿又はデータ送信する行為を禁止します。
　一　コンピュータウィルスその他の有害なコンピュータプログラムを含む情報
　二　過度にわいせつな表現を含む情報、児童ポルノ又は品性を欠く情報
　三　過度に暴力的又は残虐な表現を含む情報
　四　殺害、虐待、自殺、自傷行為を助長する表現を含む情報
　五　薬物の不適切な利用を助長する表現を含む情報
　六　反社会的な表現を含む情報
　七　チェーンメール等の第三者への情報の拡散を求める情報
　八　他人に不快感を与える表現を含む情報
　九　面識のない異性との出会いを目的とした情報
　十　前項の行為に該当する情報
　十一　当社が社会通念上、不適切と判断する情報

第11条（本サービスの停止等）　当社は、次の各号のいずれかに該当する場合、利用者に事前に通知することなく、本サービスの一部又は全部の提供を中断、停止、アクセス制限又は容量制限することができるものとします。
　一　本サービス提供のための装置、システム等の保守又は工事のため、やむを得ないとき
　二　本サービス提供のための装置又はシステム等の障害によってやむを得ないとき
　三　本サービスを提供するための電気通信サービスに支障が発生したとき

四　利用者からのアクセスが原因となり、システムの容量を超える利用がなされたとき
　五　ID等の漏えいなど、セキュリティに問題が生じたとき
　六　その他、運用上又は技術上、当社が合理的な理由により本サービスの一時中断又は停止が必要であると判断したとき
2　前項に基づき、当社が行った措置に基づき登録ユーザーに生じた損害について当社は、一切の責任を負いません。

第12条（利用者の投稿） 利用者は、第三者の著作権を侵すことのないよう、投稿又はデータ送信を行わなければならず、第三者のメディア又はコンテンツからのテキスト、画像、動画及びその他データの無断転載を禁じます。ただし、事前に権利保有者の許諾を得たもの及び著作権法に基づく「引用」にあたる場合は、この限りではありません。
2　利用者が第三者の著作権を侵害することなく投稿又はデータ送信した情報について、著作権及び著作者人格権は、利用者に帰属します。
3　前各項の規定に関わらず、本規約第10条第2項で禁止された情報が投稿又はデータ送信された場合、当社は事前に通知又は催告することなく、当該投稿又はデータ送信を削除することができるものとします。

第13条（通信の秘密） 当社は、電気通信事業法（昭和59年法律第86号）に基づき、利用者の通信の秘密を保持します。ただし、法令の定めに基づいて、官公署等から開示の要求があった場合はこの限りではありません。
2　当社は、特定電気通信役務提供者の損害賠償責任の制限及び発信者情報の開示に関する法律（平成13年法律第137号）第4条第2項の定めに従い、開示するかどうかにつき、投稿又はデータ送信情報の発信者に意見を聴くものとします。ただし、当該開示請求に係る侵害情報の発信者と連絡が取れない場合、その他の特別な事情がある場合はこの限りではありません。

第14条（本規約等の変更） 当社は、本規約を変更できるものとし、当該変更をした場合には、利用者に当該変更内容を通知するものとし、当該変更内容の通知がなされても、利用者が本サービスを利用した場合又は当社の定める期間内に登録抹消の手続きをとらなかった場合には、本規約の変更に同意したものとみなします。

第15条（非保証）当社は、次の各号に関し何らの保証を行うものではありません。
一　本サービスが利用者の意図する目的又は用途に適合すること
二　アクセス回線を利用した通信が正常に行われること
三　アクセス回線を通じて送受信されたデータが完全、正確で、又は有効であること
四　利用者からの処理要求又はデータ送信に関する通信速度
五　本サービス利用によって、利用者のコンピュータへの不具合及び障害が生じないこと
六　本サービスの永続的な提供
七　本サービス上に掲載された情報の正確性及び完全性
八　本サービス上の広告掲載企業及び商品に関する事項の信頼性又は効能等の保証

第16条（免責）当社は、利用者による投稿又はデータ送信により発生した損害、本サービス内容により発生あるいは誘発された損害につき、一切の責任を負わないものとします。

2　当社は、利用者による投稿又はデータ送信された内容が、第三者の権利を侵害し、又は権利の侵害に起因して紛争が生じた場合、その侵害及び紛争に対して何らの責任も負わないものとします。

3　当社は、本サービスにおいて、利用者間で生じた一切のトラブルに関して、一切の責任を負わないものとします。

4　当社は、本サービス提供のためのシステム障害等による本サービス内容の誤表示及びそれ以外のいかなる原因に基づき生じた損害について、賠償する義務を一切負わないものとします。

5　当社は、利用者が使用するコンピュータ、回線及びソフトウェア等の環境等に基づき生じた損害について、賠償する義務を一切負わないものとします。

6　当社は、本サービスの停止、中止又はサービス内容の変更によって発生する損害について、賠償する義務を一切負わないものとします。

7　当社は、本サービス及び広告主を含む第三者のWebサイトからのダウンロードやコンピュータウイルス感染等により発生した、コンピュータ、回線

及びソフトウェア等の損害について、賠償する義務を一切負わないものとします。
8　当社は、前各項の他、本サービスに関連して発生した損害について、一切の責任を負わないものとします。

第17条（通知） 本サービスに関する問い合わせその他、利用者からの当社に対する通知、本規約の変更に関する通知並びに当社から利用者に対する通知は、原則として電子メールで行うものとします。

第18条（不可抗力） 当社は、天災地変、戦争、内乱、暴動、ストライキ、労働争議、社会的大変動、法令の改廃及びその他の本サービスの提供に重大な影響を与えると認められる事由など、当社の責に帰し得ない不可抗力によることが明らかであるときは、本規約上の不履行とはならず、その責を負わないものとします。

第19条（準拠法、合意管轄） 本契約の準拠法については日本法が適用されるものとします。

2　当社及び利用者は、本契約に関して万一紛争が生じた場合は、○○裁判所を第一審の専属的合意管轄裁判所とすることに合意します。

附　則
2014年4月1日　制定・施行。

アドバイス

1　どんな規約なのか

　本利用規約は、人と人のつながりをサポートするコミュニティ型のWebサイト、いわゆるソーシャル・ネットワーキング・サービス（SNS）を提供するWebサイトに用いる規約となります。

　書式例では、現行は無料のサービスとして規定されていますが、将来的に有料サービスに切り替える可能性を踏まえて第3条第2項のように柔軟性を持たせています。また、第2条第2項や、第4条第5項などにあるように利用規約に準じたガイドラインやプライバシーポリシーの存在を前提としています。

2　SNSサービス固有の問題

　SNSサービスでは、会員同士がコミュニケーションを取ったり、情報の交換や表現を自由に行えるために発生する特有の問題があります。これらについて運営者が行えるトラブルの予防としていくつかのルールが盛り込まれています。

① サービス利用に対する制限

　第3条第4項では、18歳未満の利用者に関して機能制限が示唆されています。具体的な措置としては、18歳未満では閲覧できないコメントやページを作成すること、メッセージ交換に関しての機能制限などがあります。また、すべての利用者に対する虚偽の登録の禁止、登録又は再登録の拒否（第4条）や、第三者に対する違法行為、迷惑行為などの禁止（第10条）などを規定することで、不適切な利用者に対する制裁（第7条、登録抹消など）が実施できるようになっています。

② 責任の所在

　SNSサービスを利用する上で必要な環境については利用者の自己責任とすること（第8条）、IDやパスワードの管理責任を定め、漏えいした場合も自己責任とすること（第9条）などを定めることも重要です。また、利用に関する快適性や、いつでもサービスを終了できること、広告掲載企業に関して無関係であること（第15条）、利用者による投稿やデータ送信を原因とした違法行為、トラブルなどに関する免責や賠償責任を負わないことを明示する（第16条）ことも大切です。

書式3 情報利用に関する規約

情報利用に関する規約

　株式会社〇〇〇〇（以下「当社」といいます）は、以下に定める利用規約（以下「本規約」といいます）に基づき、当社が運営する「ニュースサイト〇〇」（以下「本サイト」といいます）において、情報（記事、写真、データ、音声、音楽、イラスト、動画などを指し、以下「本コンテンツ」といいます）を提供します。本サイト・本コンテンツ（以下併せて「本サービス」といいます）を、閲覧・利用するすべてのお客様（以下「利用者」といいます）は、本規約を読み、その上でその内容に同意しているものとみなします。

第1条（目的）本規約は、本サイトにおいて当社が利用者に対し本サービスを提供するに際し、基本的な事項について定めることを目的とします。

第2条（サービスの利用）利用者は、本サービスを無償で閲覧・利用することができるものとします。

第3条（著作権）本コンテンツに関する著作権及びその他の権利は、当社若しくは当社に対して使用を認めた権利者に帰属します。著作権は法律で保護されており、本コンテンツを私的利用など法律によって認められている範囲を超えて、利用（複製、改ざん、頒布などを含みます）することはできません。

第4条（保証の否認）本サービスの利用に際し、当社は、利用者に対し以下の各号をはじめとするいかなる保証も行いません。

　一　本サービスにつき、ウィルス等の有害なものが含まれていないこと、第三者からの不正な侵入がないこと、その他安全性に関すること

　二　本サービスに関する情報の内容等の正確性

　三　本サービスの利用に起因して利用者の端末等に不具合が発生しないこと

　四　本サービスが、第三者の著作権その他の権利を侵害していないこと

　五　本サービスが継続すること

　六　本サービスに障害・不具合が発生しないこと

第5条（禁止事項）本サービスの利用に際し、当社は、利用者に対し以下に該

当する、又はその恐れのある行為は禁止します。
一　犯罪に結びつく行為
二　法令等に違反する行為
三　公序良俗に反する行為
四　当社及び第三者の著作権その他の知的財産権を侵害する行為
五　当社及び第三者の財産、プライバシー等を侵害する行為
六　当社及び第三者の名誉・信用を毀損し、誹謗・中傷する行為
七　当社及び第三者に不利益を与える行為
八　当社の承認を得ないで行うすべての営業行為
九　選挙運動若しくはこれに類似する行為、又は公職選挙法などの法令に違反する行為
十　その他当社が不適切であると認めた行為

第6条（免責）　当社は、理由の如何を問わず本サービスの提供が遅延し、又は中断したことに起因して利用者又は第三者が被った被害について、一切の責任を負いません。

2　当社は、本サービスの利用を通じて得た情報等の正確性、特定の目的への適合性等について、一切の責任を負いません。

3　当社は、利用者のシステム環境について一切関与することなく、また一切の責任を負いません。

4　当社は、本サービスを利用したことに起因する直接的又は間接的な損害に関して一切の責任を負いません。

5　当社は、本サイトからリンクしている各サイトに関して、合法性・道徳性・正確性・信頼性について一切の責任を負いません。

第7条（サービスの停止・変更・終了）　当社は、事前予告なしに、本サービス内容の一部又は全部を任意に停止・変更・終了する場合があります。

2　前項に基づき、本サービス内容を停止・変更・終了したことにより、利用者に不利益、損害が生じた場合、当社は、その責任を免れるものとします。

第8条（規約の変更）　当社は、本規約の内容を必要に応じ事前予告なしに任意に改定することができるものとします。利用者は、本サービスを利用する際、そのつど、本規約の内容を確認するものとします。規約改定後に利用者が本

サービスを利用した場合には、改定に同意したものとみなします。

2　前項に基づき、本規約を変更したことにより、利用者に不利益、損害が生じた場合、当社は、その責任を免れるものとします。

第9条（損害賠償）利用者が本サービスの利用によって第三者に対して損害を与えた場合、利用者はその責任と費用をもって解決し、いかなる場合も当社に損害を与えることのないものとします。

2　利用者が本規約に反した行為、不正若しくは法令の定めに違反したことによって当社に損害を与えた場合、当社は当該利用者に対して当該損害に対する賠償の請求を行うことができるものとします。

第10条（準拠法）本規約の有効性、解釈、履行等に関しては、日本国の関係法令が適用されます。

第11条（裁判管轄）本規約に関連して、万一当社と利用者との間で紛争が生じた場合には、共に誠意をもって協議するものとします。

2　前項により協議をしても解決しない場合は，当社の本店所在地を管轄する地方裁判所を第一審の専属的合意管轄裁判所とします。

附　則
2014年4月1日　制定・施行。

・・・・・・ アドバイス ・・・・・・

どんな規約なのか

　インターネット上で不特定多数の利用者に、ニュースなどの情報を無償で配信するサービスなどを行う際に用いる規約です。前文で規約に同意しなければサービスを利用できないことを明確にうたっています。規約の内容として、著作権がサービスを提供するサイトに帰属していること、利用者に禁止される事項、サイトが免責される事項を、あらかじめ規定します。これにより、多くの人たちが利用することにより起こりうるクレーム・紛争を最小限にすることができます。

書式4　マッチングサイト利用規約

マッチングサイト利用規約

　本利用規約（以下「本規約」という）は、株式会社○○○○（以下「当社」という）が提供するサービス（以下「本サービス」という）の提供条件及び当社と当サービス利用者間の権利義務関係を定めたものです。本サービスを利用するには、本規約のすべてに同意頂いた上で、本規約及び当社が別途定める方法により会員登録を行って頂くことが必要となります。

第1条（定義） 本規約上で、使用される用語の定義は次の通りとします。
　一「本サイト」とは、当社が運営し本サービスを提供するWebサイト（http://○○○○.co.jp）をいいます。
　二「利用者」とは、本サイトを利用する目的で会員登録している者をいいます。
　三「登録ML」とは、本サービスの提供を受ける目的で、利用者が当社に提供した電子メールアドレスをいいます。
　四「受注者」とは、利用者のうち業務受託を目的として、受注者登録、発注案件検索及び商談依頼を行う者をいいます。
　五「発注者」とは、利用者のうち業務委託を目的として発注案件登録、受注者検索、見積もり依頼、商談の承諾及び受注者評価を行う者をいいます。
　六「商談依頼」とは、受注者が業務請負又は委任成立を前提として、申込の意思通知を行うものをいい、商談依頼が発信された時期をもって効力を発生されます。
　七「メールマガジン」とは、電子メールによって発行される雑誌、又は電子メールによって利用者に対して、定期的に情報を届けるシステムをいいます。
第2条（適用範囲） 本規約は、本サービスの利用者及び利用者に関わる第三者と当社間のすべての関係に適用されます。
2　当社が本サイト上で掲載する本サービス利用に関するガイドライン（http://○○○○.co.jp/××××.html）は、本規約の一部を構成するものとします。

3　本規約の内容と、前項のガイドライン及びその他、本サービスに関する説明が異なる場合、本規約の規定が優先して適用されるものとします。

第3条（サービスの詳細） 会員は次に定める本サービスを無償で利用することができます。ただし、本サービスを利用する場合に必要な情報通信機器等による電子メール受信やWebサイト閲覧その他に必要な通信費用の一切は会員が負担するものとします。

一　発注案件紹介及び商談締結など受発注サポート機能
二　発注案件・受注者検索機能
三　受発注者プロフィールの登録・更新機能
四　本サイト内への個別ページ作成機能
五　一括見積及び一括問合せ機能
六　メッセージの送受信機能

2　当社は、本サービスに関して、内容・サービス利用料の有無、本サービスの提供方法の変更、休止又は廃止等を自由にすることができるものとします。ただし、これらの変更を行う場合は、本サービスWebサイト又は電子メールによって事前に通知・催告をいたします。

3　前項の本サービスの変更内容は、当社が本サイト内に掲載したときから効力を生じるものとします。

4　利用者が18歳未満の場合、本サービスの利用を制限される場合があります。

第4条（会員登録） 本サービスの会員登録に関して、受注者及び発注者共に原則として登録料は発生しません。本規約のすべてに同意頂ける方であれば、どなたでも会員登録して頂くことができます。

2　会員登録は、本サイト内に定められた本サービス利用に関するガイドラインに従って正確な内容を入力するものとし、虚偽又は偽装など、事実に反する内容を登録することを禁止します。

3　会員登録に関して、次の各号に該当する場合は、登録又は再登録を拒否することがあります。なお、当社は拒否理由について一切開示義務を負いません。

一　当社に提供された登録事項の全部又は一部につき虚偽、誤記又は記載漏れがあった場合
二　登録希望者が従前に当社との契約に違反又は違反者の関係者であると当

社が判断した場合

三　その他、当社が登録に際して適当でないと判断した場合

4　会員は、会員登録に際して届け出た事項に変更が生じた場合、速やかに本サイト内にて定めた方法によって、登録内容の変更、修正を行うものとします。当該変更及び修正を会員が怠ったことにより当該会員が損害を被った場合であっても、当社は一切の責任を負わないものとします。

5　当社は、本サービスに関して得た会員の個人情報を個人情報の保護に関する法律（平成15年5月30日法律第57号）及び当社「プライバシーポリシー（http://○○○○co.jp/□□□.html）」に基づき、適切に取り扱うものとします。

6　当社は会員が受信を了承した場合に限り、本サイトから会員に対し、メールマガジンなどの電子メールを送信する場合があります。

第5条（利用の開始）本サービスに関して、本サービスの利用を希望する者（以下「登録希望者」といいます）が前条に定める会員登録を行った場合、これを受けて当社が登録完了通知を送信します。

2　前項の登録完了通知を登録希望者が登録MLによって受信した時点で利用者とみなされます。また、利用者が当サービスを利用するためのID及びパスワードを設定した時点で当サービスを利用開始できることとします。

第6条（退会）利用者は、本サイト内に定められた方法に従って本サービスから退会し、会員登録を抹消することができます。

2　前項の退会をする場合、利用者が当社に対して負っている残存債務があれば、当該債務の一切について当然に期限の利益を失い、直ちに当社に対してすべての債務を履行しなければなりません。

第7条（登録抹消等）当社は、利用者が次の各号のいずれかに該当する場合、事前に通知又は催告することなく、利用者に対する本サービスの利用停止又は会員登録を抹消することができるものとします。

一　本規約のいずれかの条項に違反したとき

二　当社からの問い合わせ、その他の回答を求める連絡に対して21日以上応答がないとき

三　本規約第4条第3項各号又は第10条に掲げる禁止事項のいずれかに該当する場合

四　前各号に定める他、当社が本サービスの利用又は利用者としての登録について適当でないと判断した場合
2　前項の登録抹消がなされた場合、利用者が当社に対して負っている残存債務があれば、当該債務の一切について当然に期限の利益を失い、直ちに当社に対してすべての債務を履行しなければなりません。
3　当社は、本条に基づく当社の措置により利用者及び利用者に関わる第三者に生じた損害について一切の責任を負いません。
第8条（利用環境）利用者は、本サービスを利用するために必要な機器、ソフトウェア及び通信手段等を自己の責任と費用において、適切に整備しなければなりません。
2　利用者は自己の利用環境に応じて、コンピュータウィルスの感染の防止、不正アクセス及び情報漏えい防止等のセキュリティ対策を講じるものとします。
3　当社は利用者の利用環境について一切関与せず、何らの責任も負いません。
第9条（ID・パスワード）当社は、利用者に対してID及びパスワードなどの認証情報（以下「ID等」という）を発行します。なお、IDは登録希望者が登録時に任意で指定した文字列により発行し、パスワードは英数字を混在させた8文字以上の推測されにくい文字列で利用者自身が随時更新するものとします。
2　利用者は、ID等を第三者に利用させる行為並びに、貸与、譲渡、名義変更、売買及び質入等いかなる処分もすることはできません。
3　利用者は、ID等を自己の責任において厳重に管理しなければならず、万一、ID等が不正に利用された場合、これに基づき当社又は第三者に生じた損害等はすべて、そのIDを保有する利用者が負担するものとします。
4　利用者は、ID等が不正に利用されていることを知った場合には、直ちに当社に、その旨を連絡する義務を負います。
第10条（禁止事項）利用者は、本サービスの利用に際し、次の各号のいずれかに該当する行為又は該当すると当社が判断する行為を禁止します。
　一　当社、利用者又は第三者の知的財産権、肖像権並びにプライバシー権の侵害行為
　二　当社、利用者又は第三者の名誉・信用を毀損する行為

三　当社、利用者又は第三者に対する詐欺及び脅迫行為
四　当社、利用者又は第三者に対する誹謗中傷及び差別行為
五　当社、利用者又は第三者の財産を侵害する行為、又は侵害する恐れがある行為
六　当社、利用者又は第三者に対して経済的損害を与える行為
七　本サービスのネットワーク又はシステム等に過度な負荷をかける行為
八　本サービスの運営に支障をきたす行為
九　当社のネットワーク並びにシステム等に不正にアクセスし、又は不正なアクセスを試みる行為
十　公序良俗に反する行為
十一　当社が社会通念上、不適切と判断する行為
十二　前各号に定める他、法令に違反する行為

2　利用者は、本サービスを利用して次の情報を投稿又はデータ送信する行為を禁止します。
一　コンピュータウィルスその他の有害なコンピュータプログラムを含む情報
二　過度にわいせつな表現を含む情報、児童ポルノ又は品性を欠く情報
三　過度に暴力的又は残虐な表現を含む情報
四　殺害、虐待、自殺、自傷行為を助長する表現を含む情報
五　薬物の不適切な利用を助長する表現を含む情報
六　反社会的な表現を含む情報
七　チェーンメール等の第三者への情報の拡散を求める情報
八　他人に不快感を与える表現を含む情報
九　面識のない異性との出会いを目的とした情報
十　前項の行為に該当する情報
十一　当社が社会通念上、不適切と判断する情報

第11条（本サービスの停止等）　当社は、次の各号のいずれかに該当する場合、利用者に事前に通知することなく、本サービスの一部又は全部の提供を中断、停止、アクセス制限又は容量制限することができるものとします。
一　本サービス提供のための装置、システム等の保守又は工事のため、やむを得ないとき

二　本サービス提供のための装置又はシステム等の障害によってやむを得ないとき
　三　本サービスを提供するための電気通信サービスに支障が発生したとき
　四　利用者からのアクセスが原因となり、システムの容量を超える利用がなされたとき
　五　ID等の漏えいなど、セキュリティに問題が生じたとき
　六　その他、運用上又は技術上、当社が合理的な理由により本サービスの一時中断又は停止が必要であると判断したとき
2　前項に基づき、当社が行った措置に基づき登録ユーザーに生じた損害について当社は、一切の責任を負いません。

第12条（受注者の責務） 受注者は、本サービスに関し以下の事項を遵守するものとします。
　一　本サービスによるすべての発注者からの見積通知（一括見積もりを含みます）に対して、できる限り速やかに検討を行い、遅滞なく商談依頼又は受注不可を通知するものとします。
　二　前項の検討を経て、受注不可の通知をする場合、必ず本サービスガイドラインに従い、受注不可の理由を記載するものとします。
　三　第一号の検討を経て、商談依頼を通知する場合、本規約及び本サービスガイドラインに従うものとします。
2　本サービスにより、登録された発注案件に商談依頼を通知する場合、本規約及び本サービスガイドラインに従うものとします。
3　前項により、受注者が商談依頼を行った場合で、当該発注案件が事前に行った登録業種と著しく異なるときには、当社において当該商談依頼を削除する場合があります。
4　受注者は、本サービスによる受注者登録及び商談依頼を通知する場合、次に掲げる行為をすることができません。
　一　経歴、実績、その他、商談に関する重要な内容につき虚偽、その他当サイトの主旨にそぐわない記載
　二　作品紹介に関して、第三者の知的財産権、肖像権を侵害する行為
　三　会員登録を行った者以外による受注の代行など、内容が利用者と関係の

ないもの、又は関係の特定及び確認ができないと当サイトが判断する記載

第13条（発注者の責務） 発注者は、本サービスに関し以下の事項を遵守するものとします。

　一　受注者に案件を依頼する場合、本規約及び本サービスガイドラインに従うものとします。

　二　受注者より通知される商談依頼に対して承諾した場合、商談終了後速やかに、本サービスガイドラインに従い、受注者の評価を行うものとします。

2　発注者は、本サービスによる発注案件を登録する場合、次に掲げる行為をすることができません。

　一　男女雇用機会均等法（昭和47年7月1日法律第113号）に従い、性別、年齢、その他の制限された募集を行う行為

　二　虚偽の事実、悪用、その他当サイトの主旨にそぐわない記載又は案件の登録

　三　会員登録を行った者以外による発注の代行など、内容が利用者と関係のないもの、又は関係の特定及び確認ができないと当サイトが判断する案件の登録

第14条（自己責任の原則） 本サービスの利用に基づき受注者又は発注者間でサービス提供、請負、委任等の取引・契約等を行う場合、当サイトは一切関与せず、当事者双方で協議し、すべて自己の責任において行動するものとします。

2　当サイトが提供する本サービスに関して、受注者又は発注者に関する信用、能力、知識、資質及び人柄等について、当社は何らの保証もいたしません。

3　当社は、受注者又は発注者間で行われた契約上において発生する債権債務、知的財産権、肖像権等の権利について一切関与せず、いかなる責任も負いません。

4　本サイト上において、受注者又は発注者が登録したいかなる情報について、個人利用の限度を超えた無断での複製・販売・出版その他、転記・転載等は禁止しますが、これらが無断でなされたことについて、当社は一切関与せずいかなる責任も負いません。

第15条（通信の秘密） 当社は、電気通信事業法（昭和59年法律第86号）に基づき、利用者の通信の秘密を保持します。ただし、法令の定めに基づいて、

官公署等から開示の要求があった場合はこの限りではありません。
2　当社は、特定電気通信役務提供者の損害賠償責任の制限及び発信者情報の開示に関する法律（平成13年法律第137号）第4条第2項の定めに従い、開示するかどうかにつき、投稿又はデータ送信情報の発信者に意見を聴くものとします。ただし、当該開示請求に係る侵害情報の発信者と連絡が取れない場合、その他の特別な事情がある場合はこの限りではありません。

第16条（本規約等の変更）当社は、本規約を変更できるものとし、当該変更をした場合には、利用者に当該変更内容を通知するものとし、当該変更内容の通知がなされても、利用者が本サービスを利用した場合又は当社の定める期間内に登録抹消の手続きをとらなかった場合には、本規約の変更に同意したものとみなします。

第17条（非保証）当社は、次の各号に関し何らの保証を行うものではありません。
一　本サービスが利用者の意図する目的又は用途に適合すること
二　アクセス回線を利用した通信が正常に行われること
三　アクセス回線を通じて送受信されたデータが完全、正確で、又は有効であること
四　利用者からの処理要求又はデータ送信に関する通信速度
五　本サービス利用によって、利用者のコンピュータへの不具合及び障害が生じないこと
六　本サービスの永続的な提供
七　本サービス上に掲載された情報の正確性及び完全性
八　本サービス上の広告掲載企業及び商品に関する事項の信頼性又は効能等の保証

第18条（免責）当社は、利用者による投稿又はデータ送信により発生した損害、本サービス内容により発生あるいは誘発された損害につき、一切の責任を負わないものとします。
2　当社は、利用者による投稿又はデータ送信された内容が、第三者の権利を侵害し、又は権利の侵害に起因して紛争が生じた場合、その侵害及び紛争に対して何らの責任も負わないものとします。

3 当社は、本サービスにおいて、利用者間で生じた一切のトラブルに関して、一切の責任を負わないものとします。
4 当社は、本サービス提供のためのシステム障害等による本サービス内容の誤表示及びそれ以外のいかなる原因に基づき生じた損害についても、賠償する義務を一切負わないものとします。
5 当社は、利用者が使用するコンピュータ、回線及びソフトウェア等の環境等に基づき生じた損害について、賠償する義務を一切負わないものとします。
6 当社は、本サービスの停止、中止又はサービス内容の変更によって発生する損害について、賠償する義務を一切負わないものとします。
7 当社は、本サービス及び広告主を含む第三者のWebサイトからのダウンロードやコンピュータウイルス感染等により発生した、コンピュータ、回線及びソフトウェア等の損害について、賠償する義務を一切負わないものとします。
8 当社は、前各項の他、本サービスに関連して発生した損害について、一切の責任を負わないものとします。

第19条（通知）本サービスに関する問い合わせその他、利用者からの当社に対する通知、本規約の変更に関する通知並びに当社から利用者に対する通知は、原則として電子メールで行うものとします。

第20条（不可抗力）当社は、天災地変、戦争、内乱、暴動、ストライキ、労働争議、社会的大変動、法令の改廃及びその他の本サービスの提供に重大な影響を与えると認められる事由など、当社の責に帰し得ない不可抗力によることが明らかであるときは、本規約上の不履行とはならず、その責任を負わないものとします。

第21条（準拠法、合意管轄）本契約の準拠法については日本法が適用されるものとします。
2 利用者は、本契約に関して万一紛争が生じた場合は、○○裁判所を第一審の専属的合意管轄裁判所とすることに合意します。

附　則
2014年4月1日　制定・施行。

アドバイス

1　どんな規約なのか

　マッチングサイトとは、業務の外注やサービスの発注など、事業者同士を結び付けることを目的とするWebサイトをいいます。本書式例では、企業や個人事業主同士で、制作や開発の受発注を行えるようなマッチングサイトを運用することを想定としています。

　マッチングサイトでは、最終的に利用者同士が取引をすることが多いため、運営者は事業者同士の結び付けであり、交渉や契約成立に関しては利用者同士で行ってもらう工夫が必要です。具体的なシステム利用方法などは、第2条第2項、第12条第1項・第2項、第13条第1項にあるようにガイドラインやマニュアルといった形で利用者にわかりやすく説明する別ページを作成します。

2　マッチングサイト固有の問題

　マッチングサイト利用規約として、特に特徴的な規定として以下のものがあります。

① 　受発注者の責務

　前述したように、運営者はあくまで事業者同士の結びつけのみを担いますが、それでも利用者間で公正に取引が行えるように、それぞれの責務を明示します（第12条、第13条）。これらに違反した場合は、第7条第1項第一号を根拠に登録抹消などを行うことで、利用者が安心して利用できる環境作りを実現できます。また、見積を依頼することができるシステムを導入する場合、依頼者がいつまでも返答を待つという不安定な状態に置かれることがないように第12条第1項第一号のようなルールを定めます。

② 　会員登録

　ビジネスの紹介をするという目的からも、マッチングサイトに登録する受発注希望者が登録する情報には虚偽の情報が含まれないようにする必要があります。第4条第3項などにあるように虚偽の記載については、登録を拒否できるようにしておきます。変更事項が発生した場合の報告義務も必要です。また、利用者が規約に違反したり、第10条にある禁止行為に該当した場合などに、登録を抹消することができるという規定を、第7条のように定めておくことも重要です。

なお、マッチングサイト運営について、本書式例では無料サービスとなっていますが、有料サービスとする場合は、有料職業紹介事業許可が必要となる可能性がありますので、注意が必要です。

③　第14条自己責任の原則とは

　これも、利用者同士が取引を行うというマッチングサイト特有の事情に合わせた規定です。「事業者対消費者」が前提の利用規約とは違い、「事業者対事業者」が前提のマッチングサイトでは、個々が自らの判断、自らの責任で望ましいと考える行動をとることが原則です。これは特定の法律による規定がある訳ではありませんが、このように規約として定めることによって利用者自身の再確認を促すことを狙いとしています。

④　知的財産権の取扱いについて

　業務の外注などを依頼する場合、受注者の実績や作品などによって判断することが多くなるため、これらに関する知的財産権の問題が発生します。

　そこで、第12条第４項第二号のような受注を希望する利用者自身のものではない作品などを掲載することを禁止し、あわせて同項第一号のように偽りの経歴等の掲載を制限します。また、第10条第１項第一号のような、受発注双方の事業者に対して知的財産権侵害行為を禁止する規定を設けます。

　さらに、第18条第２項のように、掲載された作品や文章などに対して、第三者による無断複製などについて、運営者が一切責任を持たないような規定を盛り込んでおくことも大切です。

⑤　法令の遵守について

　規約に定めをする、しないに関わらず、遵守しなければならない法律はたくさんありますが、あえて規約上に明示することでサイト運営者と利用者の立場を確認します。その代表例が第４条第５項に記載された「個人情報の保護に関する法律」、第15条に記載された「電気通信事業法」に関する記載です。なお、第13条には男女雇用機会均等法について記載がありますが、マッチングサイトでは、雇用契約を結ばない外部委託ですので、義務が課されるものではありません。あくまで目安として取り入れています。

5 契約が取り消されたり解除される場合もある

クーリング・オフは消費者の切り札

● 無効・取消・クーリング・オフはどう違うのか

　有効に成立した契約については両当事者が誠実に契約内容を遂行しなければならないのが原則です。契約内容を守らないなど、契約違反があった場合を一般に債務不履行といいます。当事者の一方が債務不履行をした場合は、相手方は契約をとりやめ（解除といいます）、損害が発生した場合には損害賠償請求できます。ただ、当事者の一方に原因があった場合には、相手方からの申入れを受け入れ、契約の解消を受け入れることも必要な場合があります。契約が解消されるおもなケースには契約の取消、無効、クーリング・オフがあります。

　無効とは、法律行為がはじめから効力をもたない場合をいい、取消とは、一応有効とされるが、取り消されると、遡って効力を失うことをいいます。つまり、取り消すことのできる行為は、取り消されるまでは有効ですから、自分に有利なものであれば、取り消さないこともできます。

　一方、特定商取引法や割賦販売法という法律で認められているクーリング・オフというのは契約の解除、あるいは申込の撤回のことです。契約の解除とは結んだ契約について、その契約を後からなかったことにすることです。申込の撤回とは契約の申込をしたが、その申込を取り止めることです。

● 相手が未成年者かどうかを確認することも大切

　インターネット上の取引の場合、大人を相手に商品を売るつもりでいても、購入者は未成年者だったということもあります。未成年者を保護するという目的から、親などの同意がないまま未成年者が行った法律行為は、取り消すことができるとされています。取り消される可能性のあ

る未成年者との取引は、避けた方がよいかもしれません。

　未成年者との取引を避けようと考えている場合、相手が未成年であるかどうかを訊ねる画面を作るなどのしくみ作りが必要です。たとえば、商品の送り先などを入力する画面で、年齢を選択できるようにしておき、この項目を必須項目にしてしまうのです。そうすれば、年齢を答えないと商品を購入することができなくなります。そのようなしくみがない場合、相手が本当は15歳であるにも関わらず21歳を選ぶなど、未成年ではないふりをしたとしても、後で相手が未成年者であることを理由に契約を取り消すことができなくなります。

● クーリング・オフ制度とは

　商品を販売したものの、2、3日後になって「必要のない契約をした」と思い直したので契約を解除したいという申入れを受けることがよくあります。このように、一定期間の間は、消費者から申込の撤回又は契約を解除（最初から契約をなかったことにする）できることが法律で認められています。この法律で認められた一定期間のことをクーリング・オフ期間と呼びます。クーリング・オフは消費者に認められた権利ですが、取引ごとに定められている一定の期間を過ぎるとクーリング・オフはできなくなります。

　クーリング・オフには一度締結した契約を消滅させる強力な効果があります。クーリング・オフを行ったことをはっきりさせておかなければ、

■ 無効と取消の違い

	効　果	主　張	追　認
無　効	はじめから当然に効力を生じない	いつでも誰でも	できない
取　消	はじめに遡って効力が否定される	制限あり	できる

※「追認」とは有効でない法律行為について、その行為を確定的に有効とする意思表示をいいます。

後で「契約を解除した、しなかった」という水かけ論になる危険もあります。そのため、クーリング・オフの通知は書面で行うこととされています。書面であれば、ハガキでも手紙でもかまいません。

簡易書留郵便（ハガキでも可）や内容証明郵便（118ページ）といった手段でクーリング・オフが行われることもあります。

クーリング・オフは、通常、書面を発送したときに効果が発生します。つまり、クーリング・オフできる期間の最終日に書面を出したが、業者に届いたのはその3日後だった場合にも契約の解消が認められることになります。クーリング・オフにより、事業者は消費者が支払った代金全額を返還する義務を負います。

さらに、消費者に対して事業者がすでに商品を販売して、引き渡していた場合には、事業者の方に商品を引き取る義務が生じます。

● クーリング・オフされたときの事業者の対応

事業者としては販売した商品を再び引き取らなければならず、正直なところクーリング・オフされたくないというのが本音でしょうが、クーリング・オフを妨害するような行為はそれこそ問題ですから誠実に対応しなければなりません。

消費者に対して「うちの会社ではクーリング・オフは認められていない」といったことを伝える行為や、クーリング・オフを行使しないことを約束させる行為はクーリング・オフ妨害にあたります。このような行為をしても、再び書面を交付した日からクーリング・オフが可能になるので、事業者によいことはありません。クーリング・オフには誠実に対応することが何よりも重要なことだといえます。

6 消費者契約法に違反しないようにする

不当な条項を定めても無効となってしまう

● 消費者と事業者間の契約に関わるのが消費者契約法

　契約に関わる知識量や判断力などの点で不利な立場にある消費者を保護する法律として、消費者契約法があります。消費者契約法が対象としているのは、消費者と事業者の間で結ばれる契約（消費者契約）に限られます。対面での契約の他に、インターネット上の売買契約の場合でも、当事者が消費者と事業者である場合には、消費者契約法が適用されます。

　消費者契約法は、一定の場合に、知識や情報などの点で弱い立場にある消費者に取消権を与えています。また、契約条項が無効となるケースについても規定されています。

　たとえば、契約の重要な内容について、売主である事業者が買主である消費者に対して本当のことを伝えなかった場合、消費者は契約を取り消すことができます。また、将来起きることが確実ではない事柄について、あたかも確実であるかのように伝えた場合も同様です。このような事業者の態度によって消費者が契約の内容を間違えて認識した結果、契約を結んでしまった場合には、消費者はこれを理由として契約を取り消すことができるのです。

● 事業者を不当に免責する契約は無効とされる

　ネット取引を行うときには、消費者に約款（規約）を閲覧させ、内容に同意してもらうのが通常ですが、以下のような内容の契約を定めないように注意しなければなりません。

① 債務不履行責任を免除する特約

　事業者としては、後から問題が発覚した際、責任を負うことを避けたいため、契約であらかじめ「損害賠償の責任を免除する条項」を置くこ

とがあります。たとえば「この契約の履行において消費者に何らかの損害が生じたとしても、事業者は一切損害賠償責任を負わない」「事業者の過失の有無を問わず、損害賠償責任は負わないものとする」といった内容のものがこれにあたります。

しかし、消費者と事業者との契約の際に事業者の債務不履行について、賠償する責任の全部を免除する条項を置いたとしてもそのような条項は消費者契約法により無効になります。その結果、事業者は民法やその他の法律に基づいて債務不履行責任を負うことになります。

② **債務不履行責任の一部を免除する特約**

「事業者の損害賠償責任は○○円までとする」など、金銭の上限を定めることで事業者の損害賠償責任を一部免除する条項（一部免責条項）を消費者と事業者の間で定めることは原則として可能です。

ただし、事業者に故意（どのような結果を招くかについて理解していること）又は重過失（不注意の程度が著しいこと）がある場合にまで、責任の一部免除を認めている場合にはその条項を無効とします。したがって、「事業者の故意・重過失による場合を除き、損害賠償責任の限度は30万円とする」という条項を置くことは認められています。

③ **不法行為責任の全部を免除する契約**

消費者契約法は、債務の履行の際に、当該事業者の不法行為により消

■ **債務不履行責任の一部免除規定の例**

> 第○条　事業者が民法415条の規定に基づいて損害賠償の責任を負担する場合、20万円を負担額の上限とする。ただし、当該事業者、その代表者又はその使用する者に故意又は重過失がある場合には生じた損害の全部について賠償する責任を負う。

↑
事業者などに故意・重過失がある場合には一部免除は認められない

費者に生じた損害について、責任の全部を免除する条項を置いたとしても、無効になると規定しています。

つまり、たとえ契約書の中に「いかなる事由においても当社は一切損害賠償責任を負いません」などの特約があったとしても、事業者が不法行為をしたのであれば、損害賠償責任を免れることはできないということになります。

④ 不法行為責任の一部を免除する特約

消費者と事業者の間では、不法行為による損害賠償責任の全部ではなく、一部を免除する約束をすることがあります。

たとえば、当初の契約で「事業者の責任により生じた損害を賠償する場合、10万円を上限とする」という特約を定めるような場合です。

不法行為による損害賠償責任の一部を免除するような条項については、当該事業者に故意又は重過失がある場合にまで、不法行為責任の一部免除を認める内容であればその条項は無効になります。

つまり、責任の全部を免除する条項の場合と違い、事業者やその従業員に故意又は重大な過失がない場合に不法行為によって生じた損害の一部を免除する旨の規定は有効です。

■ **不法行為責任の一部免除規定の例**

> 第○条　事業者が民法第3編第5章の規定により不法行為に基づく損害賠償の責任を負担する場合、30万円を負担額の上限とする。ただし、当該事業者、その代表者又はその使用する者に故意又は重過失がある場合には生じた損害の全部について賠償する責任を負う。

事業者などに故意・重過失がある場合には一部免除は認められない

したがって、「事業者の故意・重過失による不法行為を除き、損害賠償責任の限度は30万円とする」などのように、故意・重過失の場合に責任を負うことを明確にしていれば、一部免除を規定していても有効となります。

⑤ 瑕疵担保責任の免責特約

目的物に契約時に普通に注意していても見つけることができなかった欠陥があった場合に事業者が負う責任を瑕疵担保責任といいます（126ページ）。瑕疵担保責任は契約で免除することも認められますが、消費者契約が有償契約である場合、消費者保護のため、瑕疵により消費者に生じた損害を賠償する事業者の責任の全部を免除する条項を置いたとしても、そのような規定は無効となります。したがって事業者は民法やその他の法律で定められている法律の規定通りの瑕疵担保責任を負うことになります。

ただし、目的物に隠れた瑕疵がある場合の瑕疵担保責任の全部を免除する条項を定めていたとしても、事業者が消費者に対して次のような責任を負うとの規定を置いていれば、消費者が不利にならないため、その条項は無効とはなりません。

・目的物を瑕疵のない物と交換する責任について定めた規定
・目的物の瑕疵を修理・補修する責任について定めた規定

● 消費者を不当に取り扱う契約は無効になる

その他、事業者が約款や規約で以下の特約を定めても無効です。

・高額の違約金を定める特約

将来債務不履行で損害が生じた場合に備え、契約の時点で「キャンセル料」「違約金」などの名目で、損害賠償金を確保することがあります。このような措置を損害賠償額の予定といいます。

本来損害賠償額や違約金については、契約で自由に決めることができるのですが、消費者契約の解除に伴う損害賠償の額や違約金を定めた場

合、事業者に生ずべき平均的な損害の額を超える賠償額を予定したとしても、その超える部分が無効となります。また、消費者の金銭支払債務の履行が遅れた場合の損害賠償額をあらかじめ定める場合、年14.6％を超える損害賠償額を設定することも認められません。

・消費者の利益を一方的に害する特約

　民法や商法などと比べて、消費者の権利を制限し、又は消費者の義務を加重する消費者契約の条項で、消費者の利益を一方的に害するものは無効となります（消費者契約法10条）。

　たとえば、消費者の契約解除権を剥奪したり、消費者の説明責任を加重するような条項は無効とされる可能性が高くなります。

■ 無効な違約金条項の例

> 第〇条　甲の都合により予約の取消又は予約内容の大幅な変更をする場合、その時期を問わず、利用料の90％のキャンセル料を支払うこととする。

他の同業者が規定している内容と同等とはいえず、このような違約金条項は無効！

■ 消費者契約法10条で無効とされる契約の例

> 第〇条　本契約の履行について民法415条で定める債務不履行責任が問題となった場合、甲が一切の立証の負担を負うものとする。

帰責事由がないことは本来事業者が証明しなければならないのに、不当に甲（消費者のこと）の立証を加重しているので無効！

7 特定商取引法の規制について知っておこう

通信販売は特定商取引法の適用を受ける

● 通信販売とは

　現代では、実際に店に行って物を買うという取引の他にも、通信販売という手段が多用されています。買いに行く時間や交通費などを考えると、通信販売の方がよいという人もいるでしょう。

　また、消費者にとっての利便性だけでなく、事業者にとっても、販売場所を確保するコスト、接客するコストなどを省けます。インターネットを通じての販売であれば夜中でも消費者は広告を見て、申込をします。

　さらに、消費者のニーズがダイレクトに伝わってくるために在庫を抱えてしまうというリスクを軽減することもできます。したがって、消費者にとっても事業者にとっても、メリットのある販売形態だと言えます。

　通信販売とは、消費者がテレビ、メール、インターネットのホームページ、カタログなどを見て、郵便や電話、ファックス、インターネットなどを通じて購入の申込をする販売形態をいい、特定商取引法で規定されています。最近では、インターネットの普及によって、ネットショッピングが増えてきています。なお、電話勧誘によるものは、別途、電話勧誘販売という形態として規制されています。

● どんな問題点があるのか

　通信販売は、非常に便利でメリットの多い販売方法です。実際に店舗に行けば、強引な売りつけをされて、買いたくない商品まで買わされることがあるかもしれませんし、落ち着いて商品を見ることなく、その場の雰囲気で買ってしまうことがあるかもしれません。衝動買いなども多いのです。

　これに対して、通信販売では訪問販売とは異なり、事業者側の押し付

けはないため、消費者はゆっくり自分のペースで商品を選ぶことができます。

ただ、通信販売には、実際に手にとって商品を確かめることができないという弱点があります。広告には、商品のよい面が載せられており、写真があるにせよ、もっとも見栄えのよい状態で載せられています。商品説明も、100％正しいというわけではないかもしれません。

また、店舗で商品を見定めるときのように、気軽に販売員に質問をするということもできません。このような状況で購入する場合、商品が届いてみると、自分の思っていたものと違う、と感じることもあります。

このように通信販売独特のトラブルもあり、特定商取引法は通信販売にさまざまな規制をしています。また、経済産業省令（特定商取引に関する法律施行規則）による規制もあります。

● 権利については指定権利に限定されている

以前は、通信販売について、特定商取引法が適用されるのは、政令で定められた商品、サービス（役務）、権利を扱う場合だけでした。

しかし、現在では制度が改正され、原則として、どんな商品、役務を扱っても特定商取引法が適用されることになります。ただし、権利の販

■ **通信販売のしくみ**

①雑誌・新聞・インターネットなどによる広告

消費者 ← 事業者

②契約の申込 →

③商品の送付 ←

売については、政令で定められた権利（指定権利）を扱う場合に特定商取引法が適用される点は変更がありません。

そのため、権利を購入する場合には、指定権利の一覧表を見て、扱う権利が指定権利に該当するかチェックするようにしましょう。一覧表は、消費生活安心ガイドのホームページ（http://www.no-trouble.go.jp/#top）に掲載されています。

なお、指定権利に該当するのは、リゾート会員権、映画・演劇・音楽会チケット、英会話サロン利用権などです。

●特定商取引法の適用が除外されるものもある

通信販売で商品を販売しても、特定商取引法が適用されない場合がいくつかあります。まず、特定商取引法は、事業者間取引には適用がありません。裏を返せば、企業と消費者との間の取引にのみ適用されるということです。また、海外の人に対して商品を販売する場合や事業者が従業員に商品を販売する場合などにも特定商取引法は適用されません。また、他の法律により消費者保護が図られているものについても適用されません。

●内容証明郵便とは？

内容証明郵便は、郵便の差出人・受取人・文書の内容について、日本郵便株式会社が証明する特殊な郵便です。郵便物を発信した事実から、その内容、さらには相手に配達されたことまで証明してもらえます。

内容証明郵便で1枚の用紙に書ける文字数は、用紙1枚に520字までを最大限とします。縦書きの場合は1行20字以内・用紙1枚26行以内、横書きの場合は①1行20字以内・用紙1枚26行以内、②1行13字以内・用紙1枚40行以内、③1行26字以内・用紙1枚20行以内におさめなければなりません。

8 返品についてのトラブルをどう防ぐか

商品の種類によって、欠陥があった場合の対応が異なる

● 返品制度がある

　返品というとクーリング・オフを思い浮かべがちですが、通信販売には、クーリング・オフは認められていません。

　そのため、以前は商品が届いてから「これは思っていたものと違う」と感じ、返品したいと思ったものの業者が応じないというトラブルが頻発し、問題となっていました。

　そのため、制度が改正され、現在では、通信販売には返品制度が導入されています。この制度は通信販売で購入した商品の到着後、8日以内であれば、商品購入者の負担で返品できることを認める制度です。

　ただし、通信販売をする際の広告に、あらかじめ「返品できない」旨が記載されている場合には、返品ができません。この点がクーリング・オフとの違いといえるでしょう。消費者としては、購入する前に、ホームページやカタログに返品の可否について書かれているかどうかを確認する事が大切です。

■ 通信販売と返品制度

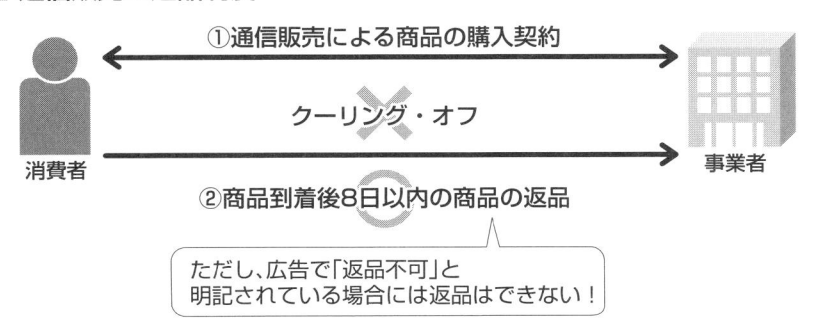

①通信販売による商品の購入契約

クーリング・オフ　×

消費者　　　　　　　　　　　　　　　事業者

②商品到着後8日以内の商品の返品

ただし、広告で「返品不可」と明記されている場合には返品はできない！

結局、返品を認めるかどうかは事業者しだいということになります。ただ、「返品不可」という表示があったとしても、事業者の過失などによって商品に瑕疵（破損・欠陥など）がある場合には、民法の債務不履行責任（415条）や瑕疵担保責任（570条）に基づいて返品することが可能です。

● 商品に瑕疵（欠陥）がある場合の返品について

　欠陥がある場合の処理は、商品が特定物か不特定物かによって異なります。特定物とは、契約の当事者が物の個性に着目して取引した物のことです。一方、不特定物とは特定物以外の物です。

　たとえば、ペットショップで特に気に入ったオウムを購入する場合、そのオウムは特定物です。オウムの個性にこだわって取引しているからです。反対に、顧客が、「どんなオウムでもいいからお店が仕入れてきたオウムを一羽購入したい」と言って購入する場合、オウムは不特定物です。

　特定物に欠陥（瑕疵）があった場合には、代わりになるものがないため他の商品と交換できません。そのため、欠陥の程度に応じて、返品（契約解除）か損害賠償で対応します。返品の場合の送料は店側が負担します。

　一方、不特定物に欠陥（瑕疵）があった場合は、物の個性に着目した取引ではないため、商品の交換で対応します。

　店側は、法律上、欠陥のない商品を引き渡す義務を負っているため、この義務に基づいて、商品を交換する形になります。交換品の発送にかかる費用は店が負担します。

　ちなみに、民法では、顧客からの即時の返品（契約解除）は、一定の要件をクリアしないと認められません。しかし、商売をする上では、顧客が返品（契約解除）を希望する場合は、その希望を尊重し、すぐに返品に応じるべきでしょう。

● その他、どんな場合があるのか

「未成年者を理由とする取消」「なりすまし」「錯誤」などの理由がある場合にも、商品の返品が必要になることがあります。

「未成年者を理由とする取消」は、商品を購入したのが未成年者だった場合の話です。法律上、未成年者が、保護者である父母の同意を得ないで交わした契約は、取り消せることになっています。契約を取り消した場合、契約ははじめからなかったものと扱われます。

「なりすまし」は、他人のIDやパスワードを勝手に使って、他人になりすまして、ネットショップから商品を購入する場合をいいます。この場合は、なりすましの被害者と店の間に契約が成立していないものと扱われます。

「錯誤」は、ネットショップで商品を購入する際に、操作ミス、勘違いがあり本心とは異なる意思を伝えてしまう場合です。錯誤による取引は無効です。

いずれの理由でも、店は顧客による返品の主張にしっかりした根拠があるかを確認する必要があります。根拠があれば、店は返品に応じなければなりません。反対に、根拠がない場合は、返品に応じるか否かを店の判断で自由に決めることができます。

■ 返品特約

○ 返品の可否
商品到着日より8日以内に限り、返品を受け付けます。この期間を過ぎた場合には、返品を受け付けておりませんのでご了承をお願い申し上げます。
○ 返品の条件
使用前に限り返品を受け付けております。
○ 返品に係る送料負担の有無
送料につきましては、お客様のご負担にてお願いいたします。ただし、商品に欠陥があったことによる返品の場合には、返品送料は当社負担とさせていただきます。

9 通信販売の広告記載事項について知っておこう

必要的記載事項をどのように記載するかがポイント

● どんなことが必要的記載事項として定められているのか

　通信販売では、消費者は広告を見ることで商品を購入するかどうかを判断します。そこで、特定商取引法は、原則として通信販売を行う際の広告について以下に記載する一定の事項を表示することを義務付けています（特定商取引法11条）。この一定の事項のことを必要的記載事項といいます。

　書面やインターネットのホームページには127ページに記載するような特定商取引法に基づく表示が掲載されていることも多いので、消費者は、それらの表示を見て取引内容を判断することができます。

　通信販売では、販売業者の概略、取引の条件などが必要的記載事項とされています。以下、それぞれの記載事項について具体的に説明します。

● 販売価格

　商品の価格が曖昧に書かれていて、実際に取引するまで正確な値段がわからないということでは、消費者は不安になります。そこで、商品の販売価格は、消費者が実際に支払うべき「実売価格」を記載することになっています。希望小売価格、標準価格などを表示していても、実際にその金額で取引されていなければ、「実売価格」を表示したとはいえません。また、消費税の支払いが必要な取引では、消費税込の価格を記載する必要があります。

● 送料

　購入者が送料を負担する場合は、販売価格とは別に送料を明記する必要があります。送料の表示を忘れると、「送料は販売価格に含まれる」

と推定され、結果として送料を請求できなくなるおそれがあります。送料は、顧客が負担すべき金額を具体的に記載します。したがって、「送料は実費負担」という記載は、具体性を欠くため不適切です。

　全国一律、同じ送料で商品を配送する場合は、「送料は全国一律〇〇円」と簡単に表示できます。一方、送料の金額が全国一律ではない場合は、商品の重量、サイズを明記し、配送地域ごとに送料がいくらになるかを記載するのがよいでしょう。また、商品の重量、サイズ、発送地域を記載した上、配送会社の料金表のページにリンクを張るという方法もあります。さらに、「〇〇運輸、〇〇円（東京）から〇〇円（沖縄）」のように、送料の最高額と最低額を記載する方法もあります。

● その他負担すべき金銭

　「その他負担すべき金銭」は、販売価格と送料以外で、購入者が負担すべきお金のことです。

　たとえば、「組立費」「梱包料金」「代金引換手数料」などが代表的なものです。取引にあたっては「組立費」「梱包料金」などの金額につき、費用項目を明示して、具体的な金額を記載する必要があります。消費者が、どれだけの費用がかかるのかを正確に知り、安心して取引できるようにするためです。したがって、「梱包料金、代金引換手数料は、別途負担」とだけ記載し、具体的な金額を明記していないものは不適切な表示となります。

■ 通信販売に対する規制

- 広告の際の、表示事項の記載の義務付け（122ページ）
- 誇大広告等の禁止（129ページ）
- 広告メールについての規制（131ページ）
- 返品制度（119ページ）

→ 通信販売

● 代金の支払時期

　消費者が代金をいつ支払うかは、取引の重要事項なので、具体的に表示する必要があります。代金の支払時期には、前払い、後払い、商品の引渡しと同時（代金引換）などいくつかのパターンがあります。たとえば、後払いでは、「商品到着後、1週間以内に同封した振込用紙で代金をお支払いください」と記載します。一方、代金引換の場合は、「商品到着時に、運送会社の係員に代金をお支払いください」などと記載します。

● 商品の引渡し時期

　通信販売は、注文のあった商品が消費者のもとに届くまでにどれくらいの期間がかかるかを明確に表示する必要があります。具体的には、商品の発送時期（又は到着時期）を明確に表示します。前払いの場合には、「代金入金確認後○日以内に発送します」と記載します。一方、代金引換の場合は、「お客様のご指定日に商品を配送します」と表示します。なお、「時間をおかずに」という意味で、「入金確認後、直ちに（即時に、速やかに）発送します」と記載することも可能です。

● 代金（対価）の支払方法

　代金の支払方法が複数ある場合には、その方法をすべて漏らさずに記載する必要があります。たとえば、「代金引換、クレジット決済、銀行振込、現金書留」のように、支払方法をすべて列挙します。

● 返品の特約に関する事項

　返品の特約とは、商品に欠陥がない場合にも、販売業者が返品に応じるという特約のことです。返品特約については、その有無を明確に記載する必要があります。

　具体的には、どのような場合に返品に応じて、どのような場合には応じないのかを明確に記載します。また、返品に応じる場合には、返品に

かかる送料などの費用の負担についても明記します。たとえば、返品特約がある場合には、「商品に欠陥がない場合にも〇日以内に限り返品が可能です。送料は、商品に欠陥がある場合には当方負担、欠陥がない場合には購入者負担とします」と記載します。一方、返品特約がない場合には、「商品に欠陥がある場合を除き、返品には応じません」と記載します。

なお、広告に、返品特約に関する事項が表示されていない場合は、商品を受け取った日から8日間以内は、消費者が送料を負担して返品（契約解除）できます。

■ **通信販売における広告の必要的記載事項**

①商品、権利の販売価格又は役務の対価（販売価格に商品の送料が含まれない場合には、販売価格と商品の送料）

②商品・権利・役務の対価についての支払時期と支払方法

③商品の引渡時期、権利の移転時期、役務の提供時期

④返品制度に関する事項

⑤販売業者・サービス提供事業者の氏名（名称）、住所及び電話番号

⑥ホームページにより広告する場合の代表者・責任者の氏名

⑦申込の有効期限があるときは、その期限

⑧購入者の負担する費用がある場合にはその内容と金額

⑨瑕疵担保責任についての定めがある場合にはその内容

⑩ソフトウェアに係る取引である場合のソフトウェアの動作環境

⑪商品の販売数量の制限、権利の販売条件、役務の提供条件がある場合はその内容

⑫広告の表示を一部省略する場合の書面請求について費用負担がある場合にはその費用

⑬電子メール広告をする場合には電子メールアドレス

● 事業者の氏名、住所、電話番号

個人事業者の場合には、氏名（又は登記された商号）、住所及び電話番号を記載します。一方、法人では、名称、住所、電話番号、代表者の氏名（又は通信販売業務の責任者の氏名）を記載します。「氏名（名称）」は、戸籍上又は商業登記簿に記載された氏名又は商号を記載します。通称、屋号、サイト名の記載は認められません。「住所」「電話番号」は、事業所の住所・電話番号を記載します。住所は、実際に活動している事業所の住所を、省略せずに正確に記載します。一方、電話番号は、確実に連絡がとれる番号を記載します。

インターネットのホームページの場合には、画面がどんどん変わっていきますが、事業者の氏名、住所、電話番号等については、消費者が見たいと思った時にすぐに探せるように、原則として画面上の広告の冒頭部分に表示しなければなりません。

● 通信販売に関する業務責任者の氏名

通信販売を手がける法人事業部門の責任者（担当役員や担当部長）の氏名を記載します。実務上の責任者であればよいので、会社の代表権を持っている必要はありません。前述した事業者の氏名、住所、電話番号と同様、責任者の表示についても、画面上の広告の冒頭部分に表示することが求められています。

● 瑕疵責任についての定め

瑕疵担保責任とは、商品に隠れた瑕疵（欠陥）がある場合に、販売業者が負う責任のことです。瑕疵担保責任に関する特約がある場合にはその内容を記載する必要があります。

事業者の瑕疵担保責任をすべて免除する旨の特約は、消費者契約法によって無効となってしまいますので注意してください。なお、特約の記載がない場合には、民法の原則に従って処理されます。

書式5　特定商取引法に基づく表示

特定商取引法に基づく表示

商品名	商品毎にウェブサイト上に表示しています。
代金	商品毎にウェブサイト上に表示しています。
送料	4,000円以上お買上げの場合は無料、その他の場合は全国一律400円をご負担頂きます。
代金支払方法	次のいずれかの方法によりお支払い下さい。 ①　クレジットカード番号を入力する。 ②　弊社指定の銀行口座へ振り込む。 ③　コンビニ決済の番号を取得してコンビニで支払う。 ④　商品を届ける宅配業者に現金で支払う。
代金支払時期	①　クレジットカードによるお支払いは商品発送の翌月以降に引き落とされます。 ②　弊社銀行口座へのお振込は商品発送前に前払いして下さい。 ③　コンビニでのお支払いは商品発送前に前払いして下さい。 ④　代金引換発送は商品お受取り時にお支払い下さい。
商品のお届け時期	代金引換の場合はお申込日から、それ以外は決済日又は入金日から1週間以内にお届け致します。
商品のお申込のキャンセル	お申込後のキャンセルはお受け致しかねます。
商品の返品について	商品不具合以外を理由とする返品はお受け致しかねます。
事業者名	株式会社スズタロダイエット
所在地	東京都○○区○○1-2-3
電話番号	03-0000-0000
通信販売業務責任者	鈴　木　太　郎

・・・・・・ アドバイス ・・・・・・

1　特定商取引法に基づく表示とは

「特定商取引法に基づく表示」とは、特定商取引法11条に基づいて通信販売業者に義務付けられている広告事項です。122ページで述べた必要的記載事項について表示することになります。

2　必要的記載事項を省略できる場合もある

広告スペースなどの関係で、必要的記載事項をすべて表示することが難しい場合には、以下の要件を満たせば、表示を一部省略できます。

まず、広告上に、「消費者からの請求があった場合には必要的記載事項を記載した文書又は電子メールを送付する」旨を記載することが必要です。また、あわせて実際に消費者から請求があった場合に、必要的記載事項を記載した文書や電子メールを遅滞なく送付できるような措置を講じていなければなりません。「遅滞なく送付」とは、消費者が購入を検討するのに十分な時間を確保できるようになるべく早く送付するという意味です。商品の購入に関して、申込期限がある場合に特に重要です。

なお、この特定商取引法11条の規定に違反した場合、消費者などの利益が著しく害されるおそれがあると認められたときには、事業者に対し1年以内の期間を限り、通信販売に関する業務停止が命じられることがあるので留意する必要があります。

■ 必要的記載事項の省略と省略できない事項 ・・・・・・・・・・・・・・・・・・・・・・

原則として必要的記載事項の広告が必要

↓

請求があった場合に文書などで提供する措置をとっていれば一部事項の記載省略が可能

↓

ただし、その場合でも、125ページ表の④返品制度に関する事項、⑦申込の有効期限があるときのその期限、⑩ソフトウェアの動作環境、⑪販売数量の制限などの条件、⑫書面請求について費用負担、⑬電子メール広告をする場合の電子メールアドレス、については省略することは認められない

10 広告についての禁止事項について知っておこう

取引の申込画面であるとわかるように設計する

● 誇大広告について

　特定商取引法は、誇大広告等を禁止しています。違反した事業者は、業務停止命令などの行政処分や罰則の対象になります。

　誇大広告等にあたる行為は、著しく事実と異なる表示をすること、あるいは、実際よりも著しく優良若しくは有利であると誤認される表示をすることです。

　また、誇大広告等は、法律で定められた「一定の事項」に関して、著しく事実と異なる表示などを行った場合に問題になります。ここでいう「一定の事項」とは、大きく分けて4つあります。1つ目は、商品の品質、性能、内容に関する事項です。2つ目は、商品の原産地、製造地、製造者に関する事項です。3つ目は、国、地方公共団体、著名人などの関与に関する事項です。商品の信用を高めるために、「経済産業省推薦」とウソをつくような場合がそうです。4つ目は、特定商取引法11条が定める広告に関する必要的記載事項です。

● 顧客の意に反して契約の申込をさせることは禁じられている

　インターネット上では、気がつくと商品の購入申込を行ってしまっていることがあります。このようなトラブルは、表示された画面が、商品購入の申込画面だと消費者が認識できないために起こることが多いようです。そこで、特定商取引法は、次のような行為を「顧客の意に反して申込を行わせようとする行為」として禁止しています。

　1つ目は、消費者が、取引の申込画面だと、簡単にわかるように表示していないことです。2つ目は、顧客が申込の内容を、簡単に確認、訂正できるようにしていないことです。

適切な申込画面を作成するポイントは、2つあります。
　1つは、申込画面であると一目見てわかるように設計・表示することです。たとえば、申込の最終段階で、「注文内容の確認」というタイトルの画面（最終確認画面）を表示します。そして、最終確認画面上に、「この内容で注文を確定する」と書かれたボタンを設置して、ボタンをクリックすると申込が完了するしくみにします。
　もう1つのポイントは、申込内容を簡単に確認、訂正できるしくみにすることです。申込最終確認段階の画面上に、申込内容が表示されるようになっていれば、すぐに申込内容を確認できます。さらに、最終確認画面上、「変更」「取消」ボタンを用意し、ボタンをクリックすれば内容を簡単に訂正できるようにします。

■ 最終確認画面

注文内容の確認

ご注文内容の最終確認となります。
下記のご注文内容が正しいことをご確認の上、「この内容で注文を確定する」をクリックしてください。

ご注文商品・価格・個数	○○○○　2,500円　1つ
お届け先	〒000-0000 東京都○○区××1－2－3　○○○○
お支払方法	代引き

［内容を変更する］　　　［この内容で注文を確定する］

［TOPに戻る（注文は確定されず、注文が取り消されます）］

11 通信販売の広告メールの規制について知っておこう

請求・承諾を得ないと、電子メール広告を送信してはいけない

● 消費者の事前承諾が必要

最近では、電子メールで通販業者からの広告メールが来ることも多くあります。しかし、消費者にとっては、頼んでもいない広告メールがたくさん送られてくるのは迷惑でしかありません。そこで、特定商取引法は、電子メール広告を送信する前にあらかじめ消費者の「請求や承諾」を得ることを義務付け、こうした請求や承諾を得ていない電子メール広告の送信を原則として禁止しています（オプトイン規制）。

ただし、次の場合には、事前の請求・承諾がなくても電子メール広告の送信が可能です。まず、契約の内容確認や契約履行などの重要な事項についての通知に付随して電子メール広告を行う場合です。また、フリーメールサービスなどの無料サービスに付随して電子メール広告を行う場合もオプトイン規制の適用除外となります。

結局、通信販売の販売業者・役務提供事業者は、法で定められた例外に該当する場合を除いて、相手方となる消費者の承諾を得ないで電子メール広告を行うことができないということになります。

■ オプトイン規制とオプトアウト規制

オプトイン規制	オプトアウト規制
意思を表示していない者に対しては送信不可 事前に請求・承諾した者に対しては送信可という規制	意思を表示していない者に対しては送信可 「送信しないでほしい」という意思を表示した者に対しては送信不可という規制

※特定商取引法はオプトイン規制を採用（例外あり）

Part 2 電子商取引をめぐる法律と書式

● 請求・承諾を得る方法と記録の保存

電子メール広告を行うかどうかの消費者の請求や承諾については、消費者の自主的な判断によってなされる必要があります。

電子メール広告について、消費者が正しい判断を行うために、事業者が注意すべきことがあります。ある操作を行うと、電子メール広告を請求・承諾したことになると、すぐにわかるような画面を作成することです。

具体的には、商品を購入したホームページにおいて、消費者から広告メールを送信することについての承諾を得る場合に、消費者が購入者情報を入力する画面に広告メールの送信を希望する旨のチェックが最初から入っている方法（デフォルト・オン）などがあります（広告メールの送信を希望する旨のチェックが入っておらず、希望する場合に購入者がチェックをいれる方式をデフォルト・オフといいます）。

ただ、デフォルト・オン方式の場合には、デフォルト・オンの表示について、画面全体の表示色とは違う表示色で表示するなど消費者が認識しやすいように明示し、最終的な申込にあたるボタンに近い箇所に表示するとよいとされています。

また、次の２つの表示方法は、消費者が電子メールの送信を承諾する旨の表示（承諾表示）を見落としてしまう可能性があるので不適切です。

１つ目は、膨大な画面をスクロールしないと承諾表示に到達できない場合です。２つ目は、画面の見つけにくい場所に、読みにくい文字で承諾表示がされている場合です。その上で、通信販売業者は、電子メール広告について消費者の請求・承諾を得たことを証明する記録を保存しなければなりません。たとえば、ホームページの画面上で請求・承諾を得た場合には、請求・承諾を証明する文書や電子データ等を保存しておく必要があります。

● メールアドレスを記載する

広告メールの配信を停止する方法がわからないと、消費者は、要らな

い広告メールをずっと受け取り続けるハメになります。そうした不都合をなくすためには、メール配信を停止する方法を消費者が知っておく必要があります。

そこで、電子メール広告には、消費者が広告の配信停止を希望する場合の連絡先を記載する決まりになっています。具体的には、連絡先となる電子メールアドレスやホームページアドレス（URL）を表示します。電子メールアドレスとURLは、簡単に探せる場所にわかりやすく記載します。たとえば、電子メール広告の本文の最前部か末尾などの目立つ場所に、下線をつけて表示すれば、消費者は簡単に見つけることができます。

一方、膨大な画面をスクロールしないと電子メールアドレスやURLに到達できない場合は、不適切な記載になってしまいます。また、文中に紛れ込んでいて、他の文章と見分けがつかない場合も適切な表示とは

■ デフォルト・オフ規制とデフォルト・オン規制 ……………………………
●デフォルト・オフの例

> 資料を請求いただいた方に最新情報について掲載したメールを配信させていただいております。
> →☐配信を希望する
> 送信

└デフォルト・オフの場合、配信を希望する人がチェックすることになる

●デフォルト・オンの例

> 資料を請求いただいた方に最新情報について掲載したメールを配信させていただいております。
> →☑配信を希望する（希望しない方はチェックを外して下さい）
> 送信

└デフォルト・オンの場合、配信を希望しない人がチェックを外すことになる

いえません。消費者が電子メール広告の配信停止を希望する意思を表明したときは、事業者はその消費者に広告メールを送信してはいけません。受信を拒否している消費者に広告メールを送信した事業者には、罰則が適用されます。

● 特定電子メール法でも規制されている

　電子メール広告は、特定商取引法の他に、特定電子メール法（特定電子メールの送信の適正化等に関する法律）という法律によって規制されています。特定商取引法は、広告主であるネットショップなどの通信販売事業者を規制の対象にしています。一方、特定電子メール法は、営利を目的とした広告メールの送信者を規制する法律です。したがって、ネットショップが自ら電子メール広告を送信する場合、特定商取引法と特定電子メール法の両方が適用されます。特定電子メール法の電子メール広告規制のポイントは次の４つです。

① 　原則としてあらかじめ送信を同意した消費者に対してのみ電子メール広告の送信を認めていること
② 　消費者からの同意を証明する記録の保存を義務付けていること
③ 　広告宣伝メールの受信拒否の通知を受けた場合には、以後のメール送信を禁止していること
④ 　広告宣伝メールに、送信者の氏名・名称、受信拒否の連絡先を表示しなければならないこと

12 前払式通信販売について知っておこう

商品を受け取る前に代金を支払う

● 前払式通信販売とは

　前払式通信販売とは、消費者が商品を受け取る前に代金を支払うという販売方法です。代金の一部を支払うこともあれば、全額を支払う場合もあります。消費者にとっては商品が届くまでは不安がつきまとう反面、事業者にとっては、商品の代金を支払ってもらえないというリスクがないため安心で便利な販売方法といえます。

　ただし、前払式通信販売という形態を悪用して、「消費者からお金をとっておいて商品を送らない」「役務を提供しない」などのトラブルも発生しがちなため、特定商取引法では、前払式通信販売について規定を設け、事業者に通知義務などを課して消費者保護を図っています。

● 事業者には通知義務がある

　事業者の行う前払式通信販売が、商品・指定権利・役務について、申込をした消費者から、その商品の引渡し・権利移転・役務提供をする前に、代金・対価の一部又は全部を受け取る形態の通信販売を行う場合には、事業者は消費者に対して通知義務が課せられています。具体的には、消費者から実際に申込を受け、その代金・対価の一部又は全部を受け取った場合に承諾についての通知をしなければなりません。

　一般の通信販売では、消費者の郵便や電話などによる申込に対して事業者による商品の送付や役務の提供が行われれば、その行為が承諾の意味を持ちます。つまり、申込に対する承諾と契約の履行行為が同時に行われることになるので、承諾の通知は不要です。

　これに対して、前払式通信販売においては、申込に対して事業者が承諾したのかどうかがわからないまま消費者が代金・対価を支払っている

状態になっています。これでは商品の引渡しが行われない可能性があるという点で消費者が不安定な立場に立たされるので、特定商取引法は前払式の通信販売を行う場合に事業者に承諾についての通知義務を課したのです。

● 通知の内容・方法とは

通知の内容は、①申込を承諾するかどうかについて、②事業者の氏名（名称）、住所、電話番号、③受け取った金額の全額、④代金等を受け取った日、⑤申込を受けた内容（商品名や数量、権利や役務の種類）、⑥申込を承諾するのであれば、引渡時期、権利の移転や役務の提供の時期、です。

また、内容が適切であるだけでなく、通知をすべき期間も、妥当なものでなければなりません。法は「遅滞なく」と規定しているので、書面では郵送等の日数を考慮し、3〜4日程度、電子メール等であれば1〜2日以内に通知をする必要があるといえるでしょう。

■ 前払式通信販売のしくみ

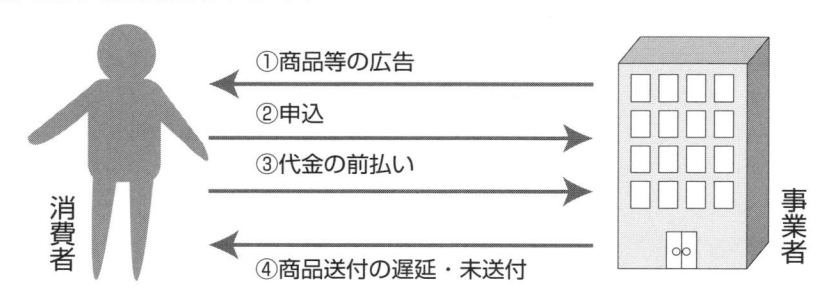

消費者 ←①商品等の広告— 事業者
       —②申込→
       —③代金の前払い→
       ←④商品送付の遅延・未送付—

13 ネットオークションの問題点について知っておこう

「ノークレームノーリターン」の取引でも返品できる場合がある

● ネットオークションとは何か

　インターネット上での取引で主流となっているものに、インターネットオークションがあります。ネットオークションは、電子商取引といわれる商取引の中でも、一般の消費者同士の間で行われることが多いものです。消費者間で商取引が行われる場合には、通常の対等な当事者間での取引となりますから、民法が適用されます。ただ、最近では事業者もオークションに参加しています。

　オークションでの取引の相手方が事業者である場合には、消費者契約法や特定商取引法など、消費者を保護する法律が適用されます。

　ネットオークションに参加するには、まずオークションを運用している会社の会員になる必要があります。

　そのオークションサイトで本人であることを示すIDとパスワードを使ってログインし、出品されているものの中で、自分の欲しいものを入札します。他人が自分のつけた価格より高い金額で入札してきた場合には、あきらめるか、それより高い金額で入札をします。

　最終的に出品者が定めた期限であるオークションの終了時刻の時点で最高額を入札した人が商品を落札することになります。

　オークションは、自分には不要となった中古品でも、誰かにとって必要な場合には、売買することができるため、非常に効率のよい取引であるといえます。

　ただ、ネットオークションも商取引ですから、売買が禁止されている物を出品したり、許可がないと売ってはいけないものを無許可で出品することはできません。

　また、オークションサイトは、オークションの場を提供しているにす

ぎないという立場をとっているところがほとんどです。実際に取引をする場合には、たとえば、代金は前払いにせずに商品との代金引換で受け取るようにするなど、トラブルになりそうなことは避けるようにして、自己責任で行う必要があります。

トラブルを避けるためには、利用者が疑問点や不審な点を、確認できるようなシステムにしておくことが必要です。また、金銭をめぐるトラブルに関しては特に消費税や送料について、また、代金引換の場合の手数料などについては、どちらが負担するのかを明確にしておくことが、後のトラブルを防ぐことにつながります。万一の場合に返品を受けつけるかどうかについても注文を受けつけるときの画面に表示するようにしましょう。

● どんな規制があるのか

もともと店舗を持っている古物商やリサイクルショップがホームページを立ち上げてネットオークション事業に参加することもあります。ネットオークションは自宅で気軽に参加でき、ゲーム感覚で楽しめることから利用者が拡大しており、これから古物商やリサイクルショップを経営していく上で、欠かせないものになります。

しかし、同時に以下のような規制や問題点があることも頭に入れておきましょう。

ここではネットオークションに関するさまざまな規制のうち、特定商取引法と景品表示法について取り上げます。

まず特定商取引法の適用の有無についてです。個人が年に数回ネットオークションで家にある不要品を出品する程度であれば、特定商取引法が問題になることはありません。しかし、取引が頻繁になり、ネット通販業者と同程度にまで達すると、特定商取引法が適用されます。

経済産業省は、出品商品数と落札額の合計額が一定の水準を超える場合には、特定商取引法を適用するという方針を示しています。具体的に

は、出品数については、過去 1 か月に200点以上又は、ある時点で100点以上、商品を新規出品していることが適用の目安です。落札額の合計については、過去 1 か月に100万円以上又は、過去 1 年間で1000万円以上が適用の目安となります。

　また、すべてのカテゴリー・商品について出品するのではなく、特定のカテゴリー・商品について出品する場合でも、たとえば、CD・DVD・パソコン用ソフトについて、同一の商品を一時点において 3 点以上出品している場合には、事業者にあたると考えられています。

　特定商取引法が適用される場合には、122ページで解説しましたが、広告表示（122ページ）、誇大広告等の禁止（129ページ）などの義務が課されます。

　次に景品表示法（223ページ）の適用について説明します。事業としてネットオークションで商品を販売する場合は、景品表示法が適用されます。したがって、商品を実際のものよりも優れているとウソの表示をすること（優良誤認表示）などの不当表示が禁止されます。違反業者には、消費者庁から、不当表示の削除、再発防止策の実施などを命じる措置命令が出されます。措置命令に従わないと刑罰（懲役刑・罰金）を科されることもあります。

●「ノークレームノーリターン」の原則は有効なのか

　ネットオークションの商品説明では、中古品やジャンク品などについてノークレームノーリターンという表示を目にします。この表示は、商品に隠れた欠陥があっても瑕疵担保責任を負わない旨の意思表示と考えられます。瑕疵担保責任とは、目的物に、契約時に普通に注意していても見つけることができなかった欠陥があった場合に、事業者の負う解除や損害賠償といった責任のことです。そこで、落札者がこのノークレームノーリターンの表示を承知の上で取引したのであれば、この表示は有効です（ただし、具体的な詳しい商品説明がある場合）。「ノークレーム

ノーリターンでの取引は嫌だ」という人は、取引しなければよいという話です。

　ただし、「ノークレームノーリターン」を承知で取引しても、返品できる場合があります。たとえば、出品者が、商品の欠陥を知りながら、その点に触れずに出品し、落札者が事情を知らずに購入した場合です。この場合は、落札者は、契約の取消や解除などによって、商品を返品できます。さらに損害賠償を請求できる場合もあります。つまり、「ノークレームノーリターン」という表示は、商品の状態を正確に伝えて出品する場合に有効だということです。

　なお、出品者が事業者で購入者が個人の場合、消費者契約法などの法律が適用されるので「ノークレームノーリターン」の表示は無効となります（139ページ）。

■ **ネットオークションのしくみ**

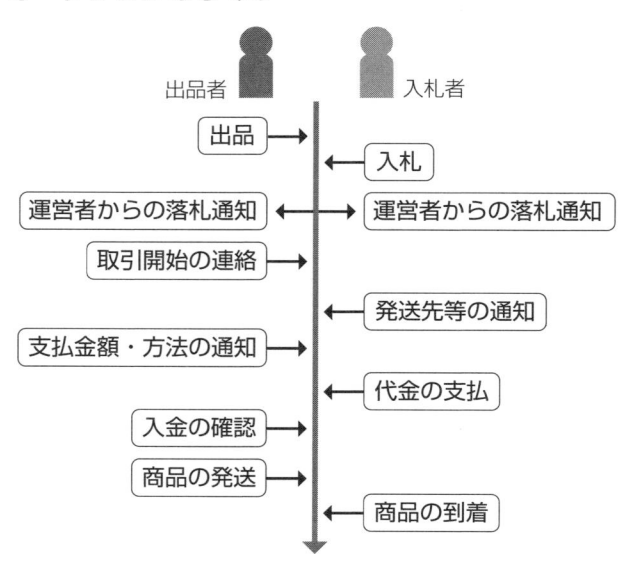

```
            出品者        入札者
              │             │
           [出品] →          │
              │         ← [入札]
    [運営者からの落札通知] ← → [運営者からの落札通知]
           [取引開始の連絡] →
              │         ← [発送先等の通知]
         [支払金額・方法の通知] →
              │         ← [代金の支払]
           [入金の確認] →
           [商品の発送] →
              │         ← [商品の到着]
              ↓
```

Part 3

契約書作成の基本ルールとIT契約書式

1 契約書のはたらきについて知っておこう

契約の証拠となるだけでなく、多くのメリットがある

●なぜ契約書を作成するのか

　法律で契約書の作成が義務付けられている一部のケースを除いて、多くの場合、口頭でも契約は有効に成立します。つまりネットショップ経営や通信販売の場合、売買契約や業務委託契約を活用することが多くありますが、売買契約や業務委託契約は電話などによる口約束でも成立します。

　それでもあえて契約書を作成する理由としては、①契約内容を証明する証拠となる、②契約遵守の意識を高める効果がある、③契約後のルールを明確にすることができるといった効果があるためです（次ページ図参照）。

　契約書を作成することには、以下のようなメリットがあります。

・**トラブルの防止やトラブルへの対処に有効**

　口頭で契約を結んだ場合、後々になって契約内容について「言ったはずだ」「聞いていない」というような口論になってしまうケースが見られます。このような場合、契約書は、契約の事実や内容を証明する有力な証拠になります。契約書によって、当事者双方が受け取るべき利益と不利益とを明確にしておけば、相手方もむやみに苦情を訴えたり、提訴したりすることはできません。そのため契約書はトラブルを減らすことに大きな役割を果たすのです。

・**業務を効率的に進めるマニュアルとして機能する**

　契約書には、契約者双方が受けるべき「権利」と果たすべき「義務」、そしてトラブルが起こった場合の処理などが明確に、漏らさず書かれていることが理想です。ですから、よい契約書を作ろうとすれば、自然に、業務上の手続きすべてを明確に記載したマニュアルができ上がることになります。

　品物の売買契約を例にとると、売る側には代金を請求するという「権

利」があり、納期を守って指定の場所へ商品を納入する、不良品の交換やアフターサービスをする、といった「義務」があります。

　受発注の方法、納入、請求、検査、支払いなどのプロセスを明確に規定した契約書にすることで、売り手と買い手双方が、契約書に従えばスムーズに取引を完了できるという状況になります。これが、契約書が取引のマニュアルになっている、という理想的な状況です。最小限のやりとりで取引が完了するため、業務の効率化につながります。

・事業者としての信頼度を向上させる

　きちんとした契約書が用意されているかどうか、というのは、その事業者が信頼できるかどうかを測る1つのバロメーターとなります。たとえば納入時の送料や、支払時の振込手数料はどちらが負担するのかという一見ささいなことでも、明確に契約書で規定されていなければ相手に不信感を与える原因になるのです。

● 差別化できる契約書を作る

　契約書には一般的に「表題」「前文」「本文」「後文」「作成年月日」を記載します。この中で、「本文」は「一般条件（一般条項と呼ぶこともあります）」と「主要条件（主要条項と呼ぶこともあります）」に大きく分けられます。「一般条件」とは契約期間、秘密保持義務、など、たいていの契約で定めておく項目のことを指します。「主要条件」は、その契約の特徴的な契約条件です。

■ 契約書を作成する意味

契約をした証拠となる	トラブル防止、裁判での強力な証拠となる
契約遵守	契約書に記載されることにより、口約束のような曖昧さが排除され、契約を遵守する意識が高まる
ルールの明確化	契約書を作ることにより、契約に沿った事業運営をすることが要求される

たとえば、健康器具の売買契約では、健康器具の型式や値段などを記載し、業務の請負契約であれば、仕様や納入方法を具体的に記載します。
　ビジネスにおける契約書ではこの「主要条件」を最も注意深く書くべきです。なぜなら、「主要条件」はそのまま「サービスの説明書」となるからです。ですから、「主要条件」には、注意を払い、サービス内容をわかりやすく、漏らさず記載することが大切です。「主要条件」の中にあいまいな表現を残したまま契約を結んだ場合、契約当事者はそれぞれの側に有利な解釈を主張することになります。双方が譲らず、裁判に持ち込むようなことになれば、互いにお金や労力を費やさなければなりません。「主要条件」を実際起こりうるケースに即して、具体的で詳細な規定にしておくことは、このような事態を防ぐためにも大切です。

● 契約書の作成部数

　一般的に、契約を結ぶ当事者がたとえば2名であれば、2部の契約書（数枚に及ぶ場合は、冊子にする）を作成します。そして、各々が2部両方にサインをし、1部ずつ保有しておきます。
　契約書が1部だけでも契約自体は成立しますが、トラブルが起きた際に、片方の手元に証拠がなく、契約内容を確認できず、著しく不利な立場に追い込まれるといった事態を避けるため、通常は当事者の数だけ契約書も作成します。

● 下請に仕事を発注する

　展開するネットショップや通販・IT事業の形態にもよりますが、下請に仕事を発注する場合には、独占禁止法や下請法のルールに違反しないような契約書にする必要があります。親事業者が、下請事業者に不利益な契約を結ばせるような行為には、独占禁止法の特別法である下請法によって特に細かい規制が設けられていますので、契約条件を決定する際は、独占禁止法・下請法違反にあたらないことを必ず確認しましょう。

2 どんなものが契約書となるのか

書面の意味・内容を把握することが重要である

● 念書や覚書も契約書の一種である

　後から「言った」「言わない」の問題が生じるとトラブルになるため、証拠となる契約書を保持しておくことは重要です。

　後でわかる程度に、念のため作成しておくような「念書」や「覚書」の類でも、いったん、署名をしてしまうと、法的拘束力がない旨を記載していない限り、契約書と同じように証拠として扱われますので注意が必要です。大げさな書類ではないので、相手に渡してしまう（差し入れる）ことが多いと思いますが、たとえ1枚の簡単な念書や覚書でも、署名をしたときは、コピーをとるなどして控えを残すようにしておきましょう。

● 注文書と注文請書でも1つの契約となる

　正式な契約書を交わさなくても注文書、注文請書、見積書のやりとりだけでも契約は有効に成立します。注文書（発注書）と注文請書（受注書）も契約書の一形式です。注文する側は注文書に署名をし、受注する側は注文請書に署名をし、それぞれ相手に交付します。内容は当然、ほぼ同一となります。契約は、当事者の一方が「申込」をして、相手が「承諾」することで成立しますが、「申込」を証明するのが注文書で、「承諾」を証明するのが注文請書となります。

　まず、注文書から見ていきましょう。注文書を作るポイントは、①宛先を正しく書く、②商品名や数量など目的物を特定する、③代金（総額・単価）・支払方法などを明記する、④納入場所、納入方法なども詳細に書く、⑤必ず控えをとっておく、ことです。注文書だけでは、相手が承諾したのかどうかがわからないので、注文請書が必要になります。

相手から注文請書を受け取っていれば承諾があったことが証明できます。注文書や注文請書は、どんな形式のものでもかまいません。商品名と代金を記載したFAX文書でもよいのです。

ただし、注文書と注文請書だけでは契約の目的や条件などを記載しきれませんので、別途、「取引基本契約書」を交わしておくのが一般的です。

● 見積書について

商品（あるいはサービス提供・請負業務など）の単価、数量、納期などの取引条件を記載して、受注者が注文者に対して契約締結前に交付する書面を見積書といいます。見積書は、単に取引条件を示したものにすぎないため、見積書を受けて注文者が注文し、それを受注者が承諾することによって契約が成立します。

■ 覚書サンプル

覚　　書

甲○○○○と乙××××は乙の請負業務の以下に関して確認した。

1　甲が運営する通販サイトに関する商品発送について
基本料金、商品1点につき300円（消費税を含まない）
配送料　商品1点につき500円（消費税を含まない）
梱包1点につき40円（消費税を含まない）
2　基本料金について
入荷検品（外観の検品、数量確認）、棚入、出荷作業を含む。

以上を確認した証として、本書面を2通作成し、甲乙署名又は記名押印の上、各々1通を保有する。

平成○○年○月○日

　　　　　　　　　　　　　　　　甲　東京都○○区○○1-1-1
　　　　　　　　　　　　　　　　　　○○○○　㊞
　　　　　　　　　　　　　　　　乙　東京都××区××1-1-1
　　　　　　　　　　　　　　　　　　××××　㊞

● 請求書を作れば証拠になる

　取引上生じた債権や商品の引渡しを請求したことを証明する文書を請求書といいます。請求書は、たとえば、債権を回収しないまま何年もたってしまい、請求しないで放っておいたために時効になってしまうのを防ぎたい場合（時効の中断）や、相手がきちんと債務を履行しないため、損害が生じて、特約条項の損害金の発生の有無を確定するような場合に効果を持ちます。

　また、相手との間に債権がいくつもあるときは、請求書に、どの債権の請求をしたのかを必ず明記しておく必要があります。なお、相手とトラブルになる可能性が高い場合、内容証明郵便（118ページ）による請求をすることで証拠力が高まります。

● 取引基本契約書を作成するときの注意点

　取引基本契約書は、反復又は継続する取引のルールを規定する契約書です。「売買取引基本契約書」というように、契約の目的と合わせて呼ばれる場合もあります。

　取引基本契約書には、注文書と注文請書をやりとりする方法など、取引の反復や継続によって繰り返される業務プロセスを規定します。具体的な品物の種類、数量、単価、納期などに関する主要条件は、注文書及び注文請書、又は個別の契約書などにより、そのつど規定されることになります。取引基本契約書と個別の契約書、注文書・注文請書などがセットになって1つの契約条件を表すというイメージになります。取引基本契約書と注文書及び注文請書（又は個別の契約書）に異なる規定が置かれている場合、どちらが優先されるのか、といった優劣も、取引基本契約書によって定めておくことができます。トラブル防止のため、盛り込むことを忘れてはならない重要な項目です。

■ 注文書サンプル ……………………………………………………………………

注 文 書

　　　　　　　　　　　　　　　　　　　　　　　　No．○○○○

株式会社○○御中

　　　　　　　　　　　　　　株式会社○○○○
　　　　　　　　　　　　　　東京都○○区○○町○−○−○
　　　　　　　　　　　　　　電話０３−○○○○−○○○○

平成○○年○月○日
下記の商品を注文したします

Ｎｏ	商品名	数量	金額
1	Ｄ商品	2箱	410,000
2	Ｅ商品	1箱	780.000
3	Ｆ商品	5箱	250.000
合計		8箱	1,440,000

1　注文金額　　1,440,000円
2　納期期日　　平成○○年○月○日
3　納品場所　　○○会社（本店）

■ 請求書サンプル ……………………………………………………………………

請 求 書

　　　　　　　　　　　　　　　　　　　　　　　　No．○○○○

株式会社○○御中

　　　　　　　　　　　　　　株式会社○○○○
　　　　　　　　　　　　　　東京都○○区○○町○−○−○
　　　　　　　　　　　　　　電話０３−○○○○−○○○○

平成○○年○月○日
下記の通りご請求申し上げます

Ｎｏ	商品名	数量	金額
4／5	Ａ商品	1箱	320,000
4／12	Ｂ商品	3箱	450,000
4／19	Ｃ商品	1箱	530,000
合　計		5箱	1,300,000

1　お支払金額　1,300,000円
2　支払期限　　平成○○年○月○日
3　振込先○○銀行○○支店　（普通）○○○○−○○○○

3 トラブル防止のために重要な事項を知っておこう

問題となる事項については契約書で決めておくことが大切

● 争いが生じやすい事柄と記載例

　契約上のトラブルが後日発生することを防ぐためには、将来争いが生じやすい事項につき、あらかじめ適切な規定を設けておくことが大切です。法律に定めがあるものについては、契約書に記載しなくても問題がないこともありますが、記載することでより明確にすることができるので、争いの生じやすい事項については、予防のためにぜひとも明文の規定を置いた方がよいでしょう。

・定義

　「定義条項」とは、人によって解釈の違いが出てしまいそうな用語を定義づけておく項目です。契約を結ぶ当事者同士は共通認識だとしても、トラブルが発生した際に契約書に目を通すのは、弁護士や裁判官です。

　業界に明るくない第三者でも用語の内容を誤認しないように規定しておくことが大切です。

・契約期間（履行期日）

　契約しようとする内容に、いつからいつまでの期間効力を持たせたいのかを明記しておかないと契約書自体成立しません。基本的に、スポット（単発）契約の場合は、期間ではなく、契約終了日が重視されます。一方、長期に渡る契約については、契約期間が非常に重要な事項となります。長期契約の場合は、自動更新とするのか、そうでないのかも確認しておく必要があります。

　履行期日とは、債務者がその債務を履行しなければいけない日時をいいます。たとえば、「10日までにAは商品を発送することになっている。商品が届いた後、30日までにBは代金を支払う契約になっている」というような場合、A・B両者共に債務者となり、それぞれに果たさなけれ

ばならない義務が生じています。

・目的物・業務内容・対価・支払方法の記載

　売買契約については、目的物がはっきりとしていなければ契約としては成立しません。業務内容については、おもに請負契約や委任契約に必要な事柄です。どのような仕事をするのか、どのような内容の仕事を請け負うか、又は依頼するのかを明記しておかなければ、契約の意味はありません。

　対価は、売買、賃貸、業務遂行などに対する対価を指します。対価については金額の他に、契約した対価に税金は含まれているのかどうか、送料など諸費用はすべて含まれるのか、又は別途請求となるのかどうかについても双方で話し合い、明確にしておく必要があります。そして、これらの対価を現金で支払うのか、振込にするのか、又は手形で支払うのかということも明記しておかなければなりません。

・債務の履行地

　民法で定められている「債務の履行地」とは債務を行うべき場所のことを指します。民法では、「売買契約上で特定の債務履行の場所が示されていない場合には、対象物の引渡しはその対象物がある場所で引渡しを行う」旨を規定しています。売買契約書の締結上、この履行地についての記載は必須条件ではありませんが、スムーズな受け渡し、支払いができるよう、契約の際に記しておいた方がよいでしょう。

・契約解除

　契約解除は、解除権の行使によってなされます。解除権には、法定解

■ 履行条項　……………………………………………………………………

> **（物件の引渡方法）** 本件物件の引渡は、平成〇〇年〇月〇日限り、乙の本店営業所においてなすものとする。引渡は、現実に行うこととする。

除権と約定解除権があります。法定解除権は、契約上の債務不履行があった場合、売買において目的物に隠れた瑕疵（欠陥）があった場合などに、法律上当然に認められます。

法定解除をする場合、相手に契約違反（契約不履行）があっても、履行の催告をしないと解除できません。催告に時間がかかり、せっかくの解除のチャンスを逃すこともありますから、催告なしでも解除できるという無催告解除の特約を契約時にしておくのが普通です。

約定解除権は、法律で認められたものとは別に当事者の契約により認められるもので、手付が交付された場合などがその典型例です。手付による解除の場合は、相手がまだ契約の履行に着手していないことが要件になります。

・損害賠償・違約金

契約上の債務の不履行によって債権者に損害が生じたときは、債権者はその損害の賠償を求めることができます（民法415条）。また、売買において目的物に隠れた瑕疵があった場合には、買主は、売主に対して、損害賠償を求めることができます（民法570条）。これらは法律上の規定ですが、当事者の契約により、あらかじめ損害賠償額を定めておくこともできます（損害賠償額の予定）。

・不可抗力条項

不可抗力条項とは、不可抗力によって債務不履行の状態に陥った場合は、その債務の履行責任を受けない（免責）という規定です。不可抗力

■ 不可抗力条項

> **（不可抗力による履行遅滞等）** 天災地変、戦争、暴動、テロ、輸送機関の事故、その他甲乙双方の責めに帰すべからざる事由により、この契約の全部又は一部が履行遅滞又は履行不能になったときは、当事者は責任を負わない。

とは、天災や地震、テロなど、債務者の過失によらずに起こった、やむを得ない事情のことをいいます。

不可抗力の場合、債務不履行の責任を負うことはありませんが、何をもって不可抗力というのかで解釈が異なることがあります。そのため、不可抗力となる具体的な事例を契約書に記載しておくことで、不可抗力の解釈をめぐる争いを避けることができます。

・担保責任

売買の目的物に隠れた瑕疵があった場合には、買主は売主に対して、損害賠償を求めたり、瑕疵により契約の目的が達成できない場合には契約を解除したりできます（民法570条）。このような制度を担保責任といいます。この規定は当事者の契約で排除したり修正したりすることができます。

・保証人条項・相殺の予約・公正証書の作成・確定日付

これらについても、契約の拘束力を強める意味で、必要な場合には規定をおいた方がよいでしょう。なお、確定日付とは、確定日付が押された日に、その文書が存在していたことを証明するものです。契約書は作成された日付が、重要な意味を持ちます。契約の相手側が、契約書の作成日を実際の作成日とは別の日にすることでトラブルが発生する可能性がないとはいえません。

しかし、確定日付をしておくことで、そのような事態を避けることができます。確定日付は、公証役場で押してもらえます。

・秘密保持条項とは

秘密保持条項とは、契約の履行をする上で知られた重要な営業秘密を、第三者に開示したり、漏らすことを禁止する規定です。重要な営業秘密とは、外部に知られると被害が及ぶ可能性のある情報のことで、おもに経営ノウハウや、製造技術などの知的財産情報などが挙げられます。また、顧客名簿などのプライバシーに関わる個人情報も、注意して扱わなければならない重要な情報となっています。

秘密保持条項に違反があった場合は、損害賠償請求だけでなく、差止請求（侵害行為や違反行為を止めさせること）ができることも規定しておきましょう。

・納入・検査のトラブル

納入が遅れたり、納入先の受け入れがうまくいかなかったり、注文していない商品が誤って納品されたりと、物品の売買契約では「納入」に関する部分でトラブルが起きやすくなります。

また、納入に関するトラブルと同様に、「検査」に関するトラブルも多く発生します。不良品が市場に出回ってしまうと、大変な損害になりますので、検査については、検査基準と検査方法を明確に提示しておくことが必要です。また、契約の相手が検査をする場合は、「検査期間」も忘れずに規定しておきましょう。

このように、トラブルの起きやすい納入と検査ですが、契約書では「検収」という用語によって一括で表されてしまうことがありますので要注意です。納入と検査は、まったく別過程ですので、このような曖昧な検収という用語は使用を避けるか、契約書で定義づけを明確にしておくことが必要でしょう。

・クレーム処理

商品販売契約やシステム開発委託契約では顧客や第三者からのクレームに対して、誰が対応するか、また、その費用はどちらが負担するかの

■ 秘密保持条項 ……………………………………………………………

（秘密保持義務）
　甲が、職務の遂行上知り得た乙の経営内容、内部事項、機密情報、その他業務に関する一切の情報は、これを漏えいしてはならない。
2　前項の秘密保持義務は、甲の転職又は退社後も、同様とする。
3　甲が、前2項の規定に違反した場合、甲は、それにより乙が被った損害を賠償しなければならない。

取り決めをしておかなければなりません。訴訟に発展し、損害賠償請求まで話が及んだときのことも念頭に入れておいた方がよいでしょう。考えうるクレームや訴訟の内容を検討した上で、契約時には責任や費用の分担を決めておくのが賢明です。

・完全合意条項

　完全合意条項とは、この契約書の記載事項のみが完全な合意であり、契約書に記載されていない内容や、契約が締結されるまでに交わされた合意や約束は、すべて無効とする規定です。完全合意条項を規定することで、契約の内容は特定化されます。そのため、書面によらずに成立した契約や、契約締結前に交わされた合意や口約束などをとり出して起こされるトラブルを、事前に防ぐことができるようになります。

・協議条項

　規定外の事項が発生したときに備え、協議する旨を入れます。

・裁判管轄（合意管轄）

　契約上の争いについて裁判所に判断を求める際には、管轄権を有する裁判所に申し立てます。通常の民事訴訟については、原則として相手方の住所地を管轄する裁判所に訴えなければなりません。

　しかし、取引の相手方が遠隔地の場合には、多額のコストがかかって不便なため、特約によって便利な管轄裁判所を定める場合が多いようです。これを合意管轄といいます。

● 契約書と印紙税

　契約書には、契約内容や記載金額によって収入印紙を貼付しなければならない場合があります。たとえば原則、委任（準委任）契約では印紙が不要ですが、請負契約と判断される場合は内容や記載金額によって印紙税が課税されます。本書の各契約書式には想定される収入印紙を表記していますが、必ずしも管轄税務署と見解が一致するものではありませんので、利用の際は予め管轄の税務署に確認してみてください。

書式1 ソフトウェア使用許諾契約書

使用許諾契約書

　株式会社○○○○（以下「甲」という）と株式会社○○（以下「乙」という）は、甲が著作権を有するソフトウェア「○○○○」（以下「本件ソフトウェア」という）について、以下の通り、使用許諾契約（以下「本契約」という）を締結した。

第1条（目的）　甲は、乙に対して、本件ソフトウェア（範囲については別添目録記載）の非独占的使用権を付与し、乙は、甲に対して、ライセンス料を支払う。

第2条（内容）　乙は、本件ソフトウェアを、次の範囲で使用することができる。
　一　本件ソフトウェアを日本国内に設置された一台のコンピュータにインストールすること
　二　本件ソフトウェアを同時に使用しない場合、日本国内に設置された複数台のコンピュータにインストールすること

2　乙は、前項の範囲内での業務目的を達成するために、バックアップのための本件ソフトウェアの複製品及びドキュメンテーション（範囲については別添目録記載）を作成することができる。

3　本件ソフトウェアを譲渡する場合、譲渡される第三者に本契約を同意させ乙はコンピュータにインストールした本件ソフトウェア及びバックアップをすべて消去するものとする。

第3条（期間）　本契約の有効期間は、平成○○年○月○日より○年間とする。

2　前項の期間満了1か月前までに、甲又は乙から相手方に対して、書面による更新拒絶の意思表示をしない限り、本契約は同一の条件をもって○年間更新されたものとみなし、以後も同様とする。

第4条（引渡）　甲は、平成○○年○月○日に、本件ソフトウェアを引き渡す。

第5条（検査）　乙は、前条の引渡の後、遅滞なく、本件ソフトウェアに瑕疵がないか、並びに別添目録記載の仕様及びドキュメンテーション記載との適合

性を検査する。
2 乙は、前項の検査後、本件ソフトウェアに瑕疵等の問題があるか否かを、1か月以内に書面により甲に対して通知する。
3 本件ソフトウェアに問題がないことが甲に通知されるか、又は、前項の期間内に何らの通知もされない場合には、本件ソフトウェアの検査は完了したものとみなす。

第6条（ライセンス料）乙は、甲に対して、本件ソフトウェアの使用許諾に対する対価として、ライセンス料金〇〇〇万円を支払う。
2 乙は、前項のライセンス料を、平成〇〇年〇月〇日までに、電信扱いにより甲名義の銀行口座に振り込む方法によって支払う。振込手数料は乙の負担とする。

第7条（品質保証）甲は本件ソフトウェアの使用許諾する権利を甲自身が有していること及び、いかなる第三者の著作権をも侵害していないことを保証する。
2 第5条に規定する検査の結果、本件ソフトウェアに瑕疵等の問題が発見された場合、甲は、遅滞なく、本件ソフトウェアを無償にて修補又は適正なものと交換する。
3 本件ソフトウェアに瑕疵等の問題が検査により発見されない場合でも、本契約の有効期間中は、本件ソフトウェアが、別添目録指定の環境下においてドキュメンテーション記載の仕様に適合せず、又は、甲から乙への引渡の時以前にウィルス等に感染していた場合には、本件ソフトウェアを無償にて修補又は適正なものと交換する。

第8条（通知義務）乙は、本件ソフトウェアの使用に起因して、第三者より知的財産権等の権利を侵害したとの主張に基づく請求、訴訟の提起等を受けたときは、遅滞なく、甲に対して、その旨を書面により通知しなければならない。
2 前項の通知を受けた場合、甲は、乙の権利を保護するために必要な本件ソフトウェアに関する資料、訴訟費用（弁護士及び弁理士費用を含む）の提供等を行わなければならない。

第9条（返還義務）乙は、本契約に関連して甲から受領した書類、電磁的記録等の情報媒体物及びそれらの複製等の情報を記載した一切の物を、本契約終

了時に、甲に返還しなければならない。
第10条（禁止事項）甲及び乙は、本契約に関連して知り得た相手方の情報を、相手方の許諾なく、漏えいしてはならない。
2　乙は、甲の書面による事前の許諾なく、本件ソフトウェアを改変、複製（第2条第2項を除く）、公衆送信、貸与又は逆コンパイル、逆アセンブル、リバースエンジニアリングをしてはならない。
第11条（解約）甲は、乙が本契約上の債務を履行しない場合は、相当の期間を定めて履行を催告し、この期間内に履行がない場合は、本契約を解約することができる。ただし、債務不履行が乙の重大な過失によらない限り、甲は乙に損害賠償を請求することはできない。
2　乙は、甲が本契約上の債務を履行しない場合は、相当の期間を定めて履行を催告し、この期間内に履行がない場合は、本契約を解約し、損害賠償を請求することができる。
3　本契約が解約された場合、甲は受領済のライセンス料を受領日から解約の日までの日数に○○○円を乗じた額を控除して、乙に返還しなければならない。
第12条（協議義務）本契約に規定のない事項若しくは解釈上生じた疑義については、甲及び乙は相互に、信義に従い誠実に協議を行い、これを解決しなければならない。
第13条（管轄）本契約にかかる紛争については、○○地方裁判所を第一審の専属的合意管轄裁判所とする。

本契約成立の証として本契約書を2通作成し、甲乙は署名又は記名押印の上、各自1通ずつ保管する。

平成○○年○月○日

　　　　　　　　　　　　　　　（甲）東京都○○区××○丁目○番○号
　　　　　　　　　　　　　　　　　　株式会社○○○○
　　　　　　　　　　　　　　　　　　代表取締役　　　○○○○　㊞
　　　　　　　　　　　　　　　（乙）東京都××区××○丁目○番○号

株式会社○○
代表取締役　○○○○　㊞

〈別添目録　略〉

•••••• **アドバイス** ••••••

1　どんな契約なのか
　ソフトウェアの使用許諾契約とは、ソフトウェアを他人に使用させ、その対価を得るための契約の一形態です。1人（1社）とだけ契約することもでき、複数人と契約することもできます。本書式のようなソフトウェアの場合、一般的な著作物で見られる「利用」許諾ではなく、「使用」許諾であることに注意が必要です。ソフトウェアの場合は著作権法で予定されている利用方法である「複製」や「公衆送信」などを認めず、あくまでソフトウェアの「使用」のみを許諾することが多いからです。
　使用許諾契約を締結する場合に、最低限、当事者間で決めておくことは、第2条のような使用範囲、第3条のような使用期間、そして利用の対価とその支払方法になります。ソフトウェアに付属するドキュメンテーションの取扱いをどうするかについても合わせて確認しておくべきでしょう。
　なお、実務上はインストールできるコンピュータを書式例よりも詳細に定めることがあります。

2　本契約書固有の問題
　ソフトウェア使用許諾といっても、やはりその権利の根拠は著作権になります。この場合、第7条のように契約の対象が第三者の著作権を侵害するものでないことを明示しておくべきでしょう。
　また、使用許諾されたものはあくまでソフトウェアの使用が認められたにすぎないため、ソフトウェアに対する無制限な権利を有したわけではありません。そこで、第10条のような禁止事項の規定が必要になります。特に第2条第2項を除く複製行為や、改変、公衆送信、リバースエンジニアリングなどは厳格に禁止しておきます。

書式2　ASPサービス使用許諾契約書

ASPサービス使用許諾契約書

　株式会社〇〇〇〇（以下「甲」という）と、株式会社〇〇〇〇（以下「乙」という）は、ASPサービス（以下「本サービス」という）の使用許諾に関し、以下の通り契約（以下「本契約」という）を締結する。

第1条（定義） 本契約上で使用される用語の定義は次の通りとする。
　一　「ASPサービス」とは、ネットワークに接続されたコンピュータ間で情報の交換、共有及びスケジュール管理等、業務の効率化を実現する機能の提供サービスをいう。
　二　「サーバ」とは、ネットワーク上において、コンピュータからの要求を受け、一括処理をしてファイルやデータ等を提供するコンピュータをいう。
　三　「ライセンス」とは、本契約書で許諾された範囲内において本サービスを利用することができる権利をいう。
　四　「ライセンスキー」とは、ライセンスを許諾された場合に与えられる乱英数字等をいい、本サービスを正規に利用するために必要となるものをいう。また、1つのライセンス毎に1つのライセンスキーが与えられる。
　五　「ブラウザ」とは、本サービスを閲覧するため、データや情報をまとまった形で表示するソフトウェアをいう。
　六　「アップロード」とは、ネットワークを通じてデータ及びファイルをサーバに送信することをいう。
　七　「電子メール」とは、ネットワークを通じて行うメッセージ通信をいい、承諾その他の意思の通知は到達した時点で有効な意思表示がなされたものとみなす。
第2条（目的） 甲は乙に対し、本サービスに関して非独占的で譲渡不能な使用を許諾する。
２　前項の許諾が有効な地域は、日本国内とし、与えられたライセンスキー数の範囲内で複数のコンピュータにより、本サービスを利用することができる

ものとする。

3 本サービスの推奨動作環境及びセキュリティなどの詳細（以下「使用条件」という）は別紙に記載し、乙は使用条件などを自らの責任と費用にて整備するものとする。

第3条（利用料） 乙は、契約成立の日から契約の終了日までの期間、別紙に定める利用料を甲に支払うものとする。なお、契約の成立日又は終了日が月の途中であっても、当該月1か月分の利用料を支払わなければならない。

2 前項の利用料は、甲が当月分の利用料を翌月10日までに乙に請求し、乙は、請求対象月の翌月末日までに、別紙に定める甲の指定する金融機関口座に乙の手数料負担のもと、振り込むものとする。

第4条（契約期間） 本契約の期間は、契約成立の日から1年間とする。ただし、期間満了の1か月前までに、甲又は乙から、何らの意思表示がない場合には、更に1年間、同一条件にて延長したものとみなし、以後も同様とする。

第5条（本サービスの提供） 本サービスは、1日24時間年中無休で提供する。ただし、次の各号に掲げる場合、甲は本サービスの一部又は全部の提供を中断、停止、アクセス制限又は容量制限することができ、乙はこれを承諾する。

一 本サービス提供のための装置、システム等の保守又は工事のため、やむを得ないとき

二 本サービス提供のための装置又はシステム等の障害によってやむを得ないとき

三 本サービスを提供するために、甲の電気通信サービスに支障が発生したとき

四 乙からのアクセスが原因となり、システムの容量を超える利用がなされたとき

五 ＩＤ等の漏えいなど、セキュリティに問題が生じたとき

六 その他、運用上又は技術上、甲が合理的な理由により本サービスの一時中断又は停止が必要であると判断したとき

第6条（ライセンス登録） 本サービスの利用にあたって、乙は利用者ごとにライセンスキーを購入し、ライセンス登録をしなければならない。なお、ライセンスの価格は別紙に定める。

2　乙はライセンス登録した利用者に対し、本契約に定める各条項を遵守させなければならない。
3　利用者の登録における申込者に対しては、甲がその申込を承諾し、ＩＤ登録を完了した時点から本サービスの利用を開始させるものとする。
4　甲は、次のいずれかに該当する場合、本サービスの利用を拒否することができる。
　一　申込者が、甲の定める方法によらず利用の開始を行った場合
　二　申込者に、申込にあたって虚偽の事項があったことが判明した場合
　三　その他、合理的な理由により甲が不適切と判断した場合
5　前項の規定に関わらず、甲は以下のいずれかに該当する場合、全ライセンスを停止することができる。
　一　乙が本サービスの利用料支払を怠った場合
　二　契約者が本契約のいずれかの規定に違反した場合
6　乙は、前項によるライセンス停止期間中においても、当該期間中の利用料の支払義務を負う。

第7条（登録事項の変更）　乙は、使用の許諾を受けるにあたって通知した登録事項に変更があるときは、速やかに変更を通知しなければならない。
2　甲は、乙が前項に定める通知を怠ったことにより、乙又は第三者に生じた損害に対して一切責任を負わないものとする。

第8条（ID・パスワードの管理）　乙は、本サービスを利用するために必要なID及びパスワード（以下「ID等」という）により、ライセンス管理をし、当該ID等が第三者（本サービスのライセンスキー発行を受けていない乙の従業員を含む。以下、本条において同じ。）に開示又は漏えいすることがないよう善良な管理者の注意をもって管理するものとする。
2　乙の責に帰すべき事由により、ID等が第三者に開示又は漏えいした場合、乙は直ちに、甲へ連絡する義務を負う。また当該第三者がID等を用いて、本サービスを利用した場合、乙による利用とみなす。
3　前項の場合、乙はライセンスキー数を超えた数に合わせて、ライセンス登録をしなければならない。

第9条（禁止事項）　乙は、本サービスの利用にあたり、次のいずれかに該当す

る行為をしてはならないものとする。

一　有償又は無償を問わず、本サービスを乙の従業員以外の者に利用させること。ただし、甲があらかじめ利用者登録の申込を承諾した場合を除く。

二　本サービスを法令又は公序良俗に反する目的で利用すること。

三　本サービス又は第三者の著作権、その他の知的財産権を侵害する行為。

四　甲の本サービスの運営に支障を及ぼす行為又はそのおそれがある行為。

五　本サービスに対して、逆エンジニアリング、逆コンパイル、逆アセンブルなどを試みる行為。

六　前各号に定める他、本契約及び法令に違反する行為。

2　甲は、乙が前項で禁止する行為を行ったことにより、乙又は第三者に生じた損害に対して一切責任を負わないものとする。

第10条（責任の範囲）甲は、提供する本サービスに関し、次の各号に定める責任のみを負担し、これ以外の責任は一切負担しないものとする。

一　サーバへのアクセス。

二　第三者によるサーバデータの毀棄、改変又は不正な接続に対する防御措置。ただし、社会通念上、正当かつ妥当な手段によっても防御できない方法を用いて第三者がサーバに接続等を行った場合、甲は一切の責任を負わない。

2　甲が、次の各号に関し、何らの保証を行うものではないことを乙は承諾する。

一　本サービスが乙の意図する目的又は用途に適合すること

二　アクセス回線を利用した通信が正常に行われること

三　アクセス回線を通じて送受信されたデータが完全、正確で、又は有効であること

四　サーバのコンピュータからの問い合わせ又は処理要求に対する通信速度

五　乙が、本サービスによってアップロードしたデータ等のバックアップ

六　本サービス利用によって、乙のコンピュータへの不具合及び障害が生じないこと

七　本サービスの永続的な提供

第11条（秘密保持）甲及び乙は、本契約の履行に関連して知り得た相手方に関するすべての秘密情報を、相手方の書面又は電子メールによる承諾なくし

て、第三者に開示又は漏えいしてはならない。ただし、法令の定めに基づいて、官公署等から開示の要求があった場合は、開示することができる。
2　前項の秘密情報には、次の各号に掲げる情報を含まない。
　一　秘密保持義務を負うことなくすでに保有している情報
　二　秘密保持義務を負うことなく第三者から正当に入手した情報
　三　相手方から提供を受けた情報によらず、独自で保有していた情報
　四　事前に公知となっている情報
3　本条の規定は、本契約終了後又は期間満了後も有効に存続する。

第12条（個人情報の利用及び管理） 甲は、本サービスの提供に際して知り得た乙の顧客の個人情報を取り扱う場合、それぞれ自己の責任において、個人情報の保護に関する法律（平成15年5月30日法律第57号）、その他の法令に従い適切に利用及び管理する。

第13条（譲渡禁止） 甲及び乙は、事前に相手方の書面による同意を得た場合を除き、本契約に基づいて発生する一切の権利を第三者に譲渡し、又は担保に供してはならない。

第14条（賠償責任） 甲及び乙は、本契約に基づく債務を履行しないことが原因で、相手方に現実に損害を与えた場合には、本契約の解除の有無に関わらず、運営業務に対する委託料額の1年分を限度として損害賠償責任を負う。本項には相手方の責に帰すことができない事由による一方的な契約解除を含む。

第15条（免責） 乙は、甲が次の各号につき、一切の責任を負わないことに同意する。
　一　甲の予見を問わず、甲の責に帰すことができない事由により生じた損害、間接的、二次的、付随的、懲罰的な損害賠償責任及び乙の損失に対しての責任
　二　乙の本サービス利用による、第三者から訴えの提起、クレーム
　三　乙の通信回線、コンピュータ環境又はコンピュータウィルス感染、その他の甲による管理が及ばない理由による本サービスの不具合

第16条（不可抗力） 甲及び乙は、天災地変、戦争、内乱、暴動、ストライキ、労働争議、社会的大変動、法令の改廃及びその他の本契約に重大な影響を与えると認められる事由など、双方いずれの責にも帰し得ない不可抗力による

ことが明らかであるときは、本契約の不履行とはせず、その責を負わないものとする。

第17条（契約の解除及び期限の利益の喪失）　甲及び乙は、相手方が次の各号に該当した場合には、予告なく本契約の全部又は一部を解除することができる。

　一　当事者一方が相手方に対する料金支払債務、その他一切の債務につき支払義務を怠ったとき

　二　差押、仮差押、仮処分、公売処分、租税滞納処分及びその他公権力の処分を受け、又は民事再生手続きの開始若しくは会社更生手続きの開始、破産若しくは競売を申し立てられ、あるいは自ら民事再生手続きの開始若しくは会社更生手続きの開始又は破産申立てを行ったとき

　三　監督官庁により営業停止、営業免許又は営業登録の取消の処分を受けたとき

　四　資本を減少し、若しくは営業の廃止、変更又は解散の決議をしたとき

　五　自ら振り出し、若しくは引き受けた手形又は小切手につき不渡りとなったとき、若しくは不渡り処分を受ける等支払停止状態に至ったとき

　六　本契約の条項に違反し、一方が相当な期間を定めて催告したにも関わらず、なおその期間内に是正しないとき

　七　その他、財産状況が悪化し、又はその恐れがあると認められる相当の事由があるとき

　八　刑法上の犯罪行為、民事上の犯罪行為、その他法令・公序良俗に反する行為が認められたとき

　九　当事者一方が信用を著しく毀損する行為又は背信的と認められる行為を行ったとき

2　前項各号の場合に該当した者は、相手方に対し負っている債務について期限の利益を失い、直ちに債務の全額を一括して弁済しなければならない。

第18条（準拠法、合意管轄）　本契約の準拠法については日本法が適用されるものとする。

2　甲及び乙は、本契約に関して万一紛争が生じた場合は、○○裁判所を第一審の専属的合意管轄裁判所とすることに合意する。

第19条（協議）　本契約に定めのない事項若しくは本契約の条項の解釈に疑義

が生じた事項については、甲乙協議の上、円満解決をはかるものとする。

以上、本契約成立の証として、本契約書を2通作成し、甲乙署名又は記名押印の上、各々1通を保有する。

平成〇〇年〇月〇日

        （甲）〇〇県〇〇市〇〇町〇丁目〇番〇号
          株式会社〇〇〇〇
          代表取締役　　〇〇〇〇　㊞
        （乙）〇〇県〇〇市〇〇町〇丁目〇番〇号
          株式会社〇〇〇〇
          代表取締役　　〇〇〇〇　㊞

（別紙）
■本サービス利用料の詳細

利用料	月額　¥25,000-（消費税を含まない） ※ライセンスキー数50を含む
問い合わせサポート費 （追加オプション）	月額　¥10,000-（消費税を含まない）
追加ライセンス	10ライセンスごと月額　¥8,000（消費税を含まない）

■使用条件の詳細

コンピュータ	DOS/V仕様 CPU: CeleronD 1.60MHz以上 RAM: 256MB以上 メモリ:1GB以上 ハードディスク：10GB以上の空き容量 ディスプレイ：解像度：1024×768以上
OS	Windows 2000 ／ XP ／ 7
ブラウザ	Internet Explorer 6.0 SP2以降（ただしIE10以降は保証外） Mozilla FireFox3.6以降（ただし、Firefox 26以降は保証外）

ソフトウェア等	Adobe Reader 6以上 JavaScriptの設定（有効） Cookie受け入れ設定（有効）
通信回線	ブロードバンド回線（xDSL, FTTH, 専用回線等）
セキュリティ	最新のセキュリティパッチ適用を前提とする 最新のウィルス対策ソフト導入を前提とする ※Windows7（SPなし）においては更新プログラムKB974431が必要。 ※ウィルス対策ソフト及びファイアウォール設定に関して本サービスのURLを除外すること。

■甲指定の金融機関口座

　　○○○○銀行　　　○○○○支店
　　普通預金口座　　　番号○○○○
　　口 座 名 義　　　　カブシキガイシャ○○○○○○○○

······ **アドバイス** ······

1　どんな契約なのか

　ASPサービスは、インターネットを利用したアプリケーションの提供を行うサービスです。顧客はWebブラウザから提供元のサーバにアクセスすることでサービスを使用します。書式例では企業が導入するグループウェア（情報共有や共同作業を行えるアプリケーション）を提供する場合を想定しています。

　ASPサービスは基本的にサーバの運用や保守をはじめ、バージョンアップなどを提供事業者が担い、月額固定支払い制度で行われます。まず、前提としてタイトルや第2条にあるように事業者が権利を有するアプリケーションの使用許諾（ライセンス契約）であることに注意が必要です。このことから、ライセンスをする範囲（第2条第2項）、ライセンス数ごとの料金（第6条、第8条第3項）などの取り決めは重要となります。

2　ASPサービス使用許諾固有の問題

　サービスの完全性や、機密性、可用性について考慮した条項は以下の通りです。

① 完全性について

　企業などがASPサービス上で重要なデータを取り扱うことから、改ざんや削除、破損が生じると大きな損害となります。そこで、第10条第１項第二号のようなデータに関する責任の制限をしたり、同条第２項第五号のように、データのバックアップについて自己責任とすることが考えられます。

② 機密性対策

　情報漏えいによるリスクを軽減するため、第８条で利用者のID・パスワード管理を義務付け、第９条第１項第一号のように登録者以外の使用を禁止します。また漏えいした場合の対策（第５条第五号）、それぞれの免責規定も重要です。

③ 可用性の担保

　利便性の高い利用環境の担保（第10条第１項）に対し、利用者自身の自己責任（第２条第３項）、免責（第10条第２項）、禁止事項（第９条）で調整します。

3　ASPサービスとクラウドの関係について

　本書式例ではASPサービスを例としていますが、近年ニーズの高まっているクラウドコンピューティングとの取扱いの違いが焦点となるところです。

　いずれもソフトウェアやデータをネットワーク経由のサービスとして利用することは共通していますが大前提として、ASPサービスでは個別のユーザに対してシステム環境の構築を行いサービスの提供を行います。したがって本書式例でも、サーバやデータベースの運用・保守などに関して個別対応が想定されています。

　これに対してクラウドコンピューティングでは、複数のユーザが環境を共有していることが前提とされています。事業者は大規模なサーバを準備し、複数のユーザがネットを通じてソフトウェアやデータ保存領域などを活用します。

　また、クラウドコンピューティングでは、個人の使用するソフトウェアやメールソフト、オンラインストレージなどのサービスをオンラインで提供することがセールスポイントとなります。このことからユーザに事業者側のセキュリティ対策やサーバのハードウェア情報が伝わりにくくなります。そこで、ASPサービス使用許諾契約に加えてソフト面・ハード面共にセキュリティレベルを中心とした契約条件の取り決めをしっかり明記しておく必要があります。

書式3 スマートフォンアプリケーション制作業務委託契約書

収入印紙
(課税額は記載金額により異なる)

　　　　スマートフォンアプリケーション制作業務委託契約書

　株式会社○○○○（以下「甲」という）と株式会社○○○○（以下「乙」という）とは、甲が必要な一切の権原を有する「○○○○」（以下「コンテンツ」という）のスマートフォン向けアプリケーション（以下「本件アプリ」という）の制作及び運用・保守について、以下の通り契約（以下「本契約」という）を締結する。

第1条（定義） 本契約で用いる用語の定義は、次の通りとする。
　一　「スマートフォン」とは、インターネット利用に主眼をおいた携帯端末をいい、apple製iPhone及びGoogle製OSアンドロイドを搭載したものを前提とする。
　二　「アプリケーション」とは、スマートフォンにインストールすることにより動作するソフトウェアをいう。
　三　「本件制作業務」とは、本契約により甲から乙に対してなされる本件アプリの制作を目的とした委託契約をいい、工程ごとそれぞれの成果物に対する請負形態で行われるものである。
　四　「本件運営業務」とは、本契約により甲から乙に対してなされる本件アプリの運営及び保守を目的とした委託契約をいい、準委任形態で行われるものである。
　五　「本件アプリ仕様書」とは、甲の要求を実現するべく、本件アプリを制作する上で必要となる本件アプリの目的、機能、制限事項、技術的実現方法及び運用上の制約事項などの事項が記述された書類であり、乙によって作成されるものをいう。
　六　「本プログラム」とは、本件アプリのうちプログラム部分をいう。
　七　「中間成果」とは、本件アプリの制作過程で生成されるすべてのものをいう。
　八　「第三者ソフト」とは、第三者が権利を有するソフトウェアであって、

本件アプリの制作に利用するため有償でライセンスを受けるものをいう。
九　「フリーソフト」とは、公開されたソフトウェアのうち本件アプリの制作に利用するため無償で入手するソフトウェアをいう。
十　「本件アプリ試用版」とは、本件アプリ制作の本格的な着手に先駆けて、製品としての見極めを行うため基礎的なプログラムを組み込んだ程度の状態をいう。なお、背景及びエフェクト、モーションなどは仮のものであっても、本件アプリ試用版としての機能は満たしているものとする。
十一　「本件アプリα版」とは、本プログラム部分において、アプリの仕様がすべて組み込まれている程度に完成された状態のものをいう。
十二　「本件アプリβ版」とは、本件アプリα版に加え、データのすべて組み込まれている程度に完成された状態のものをいう。
十三　「本件アプリMaster版」とは、本件アプリβ版において発見された不具合などをすべて修正し、本件アプリ仕様書に沿った本件アプリの最終成果物をいう。
十四　「サーバ」とは、ネットワーク上において、コンピュータからの要求を受け、一括処理をしてファイルやデータ等を提供するコンピュータをいう。
十五　「本件プラットフォーム」とは、本件アプリを登録するスマートフォンアプリ用プラットフォーム「GooglePlay」「Appstore」（日本国内、利用可能端末はスマートフォンに限り、PC端末を含まない）をいう。
十六　「本件プラットフォーム手数料」とは本件プラットフォームの利用料として本件プラットフォームの管理会社が乙に請求する費用（円単位）をいう。
十七　「アイテム課金」とは、本件アプリ利用者が操作を有利にするために入手するアイテムのうち、購入代金を支払うものをいう。
第2条（目的）　甲は、本契約に定めるところにより、本件アプリの制作及び運用・保守を委託し、乙はこれを受託する。
2　乙は、本件アプリの制作及び利用に関する一切の最終決定権は甲にあることを了承し、本件制作業務にあたって甲と協議の上、遂行するものとする。
第3条（委託内容の詳細）　本件アプリに関して甲が乙に委託する業務内容及び成果物の詳細は別紙に記載する。
2　乙は、業務の全部又は一部を第三者に再委託しようとする場合、事前に甲

の書面による承諾を得なければならない。
3 　前項の場合、乙は再委託先の行為について本件アプリ仕様書から逸脱しないように、指導又は調整するよう努めなければならない。

第４条（契約期間） 本契約による本件制作業務完了後、保守業務の委任契約を開始する。保守業務の委任期間は、保守業務開始日より１年間とする。
2 　前項に定めた期間満了の３か月前までに、契約を更新しない旨の意思表示を書面によって当事者のいずれからもなされないとき、本契約は同一条件でさらに１年間自動的に延長されるものとし、以後も同様とする。

第５条（制作業務の対価） 甲は、乙に対する本件制作業務委託によって発生する対価を本条の通り支払うものとする。
2 　本件アプリ制作費用は次の各号に掲げる通りとする。
　一　本件制作業務対価：¥20,000,000 -（消費税を含まない）
　二　追加制作費用：甲及び乙が別途協議の上、書面により定めるものとする。
　三　支払方法：別紙に定める乙が指定する次の銀行口座に振込送金する方法により支払う。なお、振込手数料は甲の負担とする。
　四　本件制作業務対価の支払時期及び支払金額は別紙に記載する。
3 　本件制作業務に関して発生する費用のうち、甲又は乙のいずれが負担すべきか定かでない費用の負担については、甲及び乙が別途協議の上、両者の合意により決定する。

第６条（運用・保守業務の対価） 甲は、乙に対する運用・保守業務委託によって発生する対価を本条の通り支払うものとする。
2 　本件アプリ運用・保守費用は次の各号に掲げる通りとする。
　一　本運用費：¥1,200,000 -（月額払い、消費税を含まない）
　二　合意費用：サーバ費及び本件プラットフォーム手数料。なお、本件プラットフォーム手数料はアイテム課金総額の30％相当額を当該費用（消費税を含まない）とみなすことに合意し、合意費用は甲の負担とする。
　三　支払方法：甲は、25日締めで、乙より発行される運用・保守費用（本運用費用に合意費用を加えたものとする）の請求書を受けて、同請求書に該当する月の運用・保守費用を翌月末日までに振り込み、支払う。なお、当該対価の振込先は前条第２項と同様とし、振込手数料は甲の負担とする。

3　運営・保守業務に関して発生する費用のうち、甲又は乙のいずれが負担すべきか定かでない費用の負担については、甲及び乙が別途協議の上、書面により定めるものとする。

第7条（甲の協力義務） 甲は、本件制作業務及び本件運営業務の実施にあたっては、次の事項に留意し乙に協力するものとする。

一　甲の本件制作業務及び本件運営業務に関する窓口及び協力者となる担当責任者1名の決定

二　本件制作業務及び本件運営業務の遂行上必要な情報並びに画稿等の素材、技術資料、業務資料、制作設備、機器、ソフトウェア、各種資料その他自己管理物も無償貸与及び手配

三　乙が甲の共同作業者を必要とする場合は、その提供及び手配についての協力

第8条（監修） 乙は、本件制作業務の遂行に際して、甲の監修を受けその承認を得る。

2　前項の定めに関わらず、合理的な事由に基づき、甲が必要と認めた場合は、乙は甲に対し、中間成果及び完成した本件アプリを提出し、甲の監修を受け、その承認を得る。

3　前項の場合において、甲は合理的な事由があれば、本件アプリの修正を求めることができる。

第9条（仕様書の変更） 本件アプリ仕様書の確定後、甲が本件アプリ仕様書の内容を変更しようとする場合は、事前に乙に対しその旨を記載して書面をもって申入れ、乙と協議しなければならない。この変更が本件業務遂行に重大な支障をきたす等協議が調わない場合、乙は本契約を解除し、これまでに要した費用の償還を甲に求めることができるものとする。

2　乙は、前項による本件アプリ仕様書の変更が第5条に定める対価及び、別紙に定める納入期日に影響を及ぼす場合は、当該変更内容につき事前に甲乙協議の上、別途、変更に関する覚書を締結しなければならない。

第10条（成果物の納入） 乙は、本契約に従い別紙記載の納入期日までに、甲所定の場所に本件制作業務におけるそれぞれの成果物を納入する。甲は乙に対し、納入を受けた旨の通知を書面又は電子メールによって行う。

2　乙は、別紙記載の本件制作業務における納入期日までにそれぞれの成果物を納入できないと判断した場合は、甲にその理由及び遅延日数等を明記して、納入期限の延期を願い出るものとする。

3　前項の延期の申出があった場合、甲は相当と認める日数の延期を認めることとする。

第11条（検収） 甲は前条による納入後、別紙に記載する検収期間内に本件制作業務のそれぞれの成果物が本件アプリ仕様書等に適合するか検査を行い、合格と判断した場合はその承認を書面により乙に通知する。なお、当該検収期間内に甲から乙に対して検査結果の通知がない場合、当該検査は合格したものとみなされる。

2　前項の検査の結果、不合格とされた場合、乙は乙の負担において速やかに修補を行い、完成品を甲に納入するものとする。再検査の方法については本条各項の定めに従うものとする。

3　本条第１項により甲の承認がされたとき、それぞれの成果物に対する甲の検収が終了する。この場合、それぞれの成果物の引渡しは完了したものとし、それぞれの成果物が記録された記録媒体及び、付随資料が記録された記録媒体の所有権は乙から甲に移転する。なお、成果物が本件アプリ仕様書の場合、甲の承認をもって本件アプリの仕様は確定される。

第12条（危険負担） それぞれの成果物の滅失、毀損等の危険負担は、前条による検収完了前については乙が、検収完了後については甲が、それぞれこれを負担するものとする。

第13条（瑕疵担保責任） 最終成果物の検収完了日から１年以内に、最終成果物に隠れたる瑕疵が発見された場合、乙は無償で瑕疵の修補を行うものする。ただし、瑕疵が軽微で瑕疵の修補に過分の費用を要する場合及び乙が本件アプリの運用を行っている場合は、甲乙協議の上で対応を決定する。

第14条（保証） 甲及び乙は、本件制作業務及び本件運営業務の遂行に関して、第三者の知的財産権その他の権利を侵害しないこと及び法令又は公序良俗に違反していないことを保証する。

2　甲は、前項に関して第三者の知的財産権その他の権利を侵害しないために必要な許諾及び手続き等を行っている場合は、あらかじめその内容を書面に

よって乙に伝えなければならない。
3　乙は、本契約によって本件制作業務及び本件運営業務を遂行する上で、各コンテンツ（キャラクターを含む）の名誉、信用、評価、イメージ等を損なわないこと、及び各コンテンツの著作者の著作者人格権を害さないことを保証する。
4　本件制作業務及び本件運営業務の遂行に関して、第三者の知的財産権その他の権利を侵害、若しくは法令又は公序良俗に違反することを理由として第三者から異議、主張、請求等（以下「異議等」という）が生じた場合、これに関して甲乙いずれかのうち、責めに帰すべき事由のある者の費用と責任においてこれを解決し、相手方に対して一切迷惑、損害を与えないものとする。

第15条（知的財産権）本件制作業務によるそれぞれの成果物に関する著作権（著作権法27条及び28条に定める権利を含む）は、第5条の対価が支払われた日をもって、乙から甲へ移転する。
2　前項の規定には乙が従前から有していた知的財産権（著作権などの知的財産権を含む）、又は第三者の知的財産権に関しては含まれない。ただし、甲に帰属しないこれらの知的財産権について、乙は甲に対し、本件制作業務及び本件運営業務に必要な範囲で適切に利用できることを保証しなければならないものとする。
3　乙は、納入物について、自ら又は第三者をして、甲及び甲の指定する者に対して、著作者人格権を一切行使しないことを保証する。
4　前条第2項に関して必要な場合、乙は本件アプリ等のすべての利用範囲において、甲が別途指定する著作権表示及び商標表示をするものとする。

第16条（第三者ソフトの利用）制作業務を遂行するにあたり、第三者ソフト（フリーソフトを含む）の利用が必要となる場合、甲及び乙は、その取扱いについて協議し、必要な場合、甲又は乙と当該第三者との間でライセンス契約の締結等、必要な措置を講ずるものとする。なお、フリーソフトを利用する場合、甲及び乙は、次の各号に従うものとする。
　一　利用を予定するフリーソフトについて、本件制作業務への利用について制限がないか、保証はどうか等、事前に甲乙間において使用許諾条件を確認するものとする。

二　乙は、甲の協力を得て、事前に、フリーソフトの機能、性能等の調査を行い、当該調査結果について甲の確認を得るものとする。
　三　甲は、前二号の確認内容に基づき、甲において当該フリーソフトを本件制作業務へ利用するかどうかの決定を行うものとする。
２　前項による第三者ソフトに起因する不具合又は権利侵害については、当該第三者ソフトの利用に関する契約に基づき処理するものとし、乙は一切の責任を負わないものとする。
第17条（個人情報の利用及び管理）　乙は、本件制作業務及び本件運営業務の遂行上、利用者の個人情報を取り扱う場合、それぞれ自己の責任において、個人情報の保護に関する法律（平成15年５月30日法律第57号）、その他の法令に従い適切に利用及び管理する。
第18条（秘密保持）　甲及び乙は、本契約及び本件制作業務及び本件運営業務の遂行に関して知り得たすべての秘密情報を、相手方の書面又は電子メールによる承諾なくして、第三者に開示又は漏えいしてはならない。ただし、法令の定めに基づいて、官公署等から開示の要求があった場合は、開示することができる。
２　前項の秘密情報には、次の各号に掲げる情報を含まない。
　一　秘密保持義務を負うことなくすでに保有している情報
　二　秘密保持義務を負うことなく第三者から正当に入手した情報
　三　相手方から提供を受けた情報によらず、独自で保有していた情報
　四　事前に公知となっている情報
３　本件制作にあたって乙が再委託をする場合、乙は本条の秘密保持義務を再委託先に対しても遵守させなければならない。
４　本条の規定は、本契約終了後又は期間満了後も有効に存続する。
第19条（譲渡禁止）　甲及び乙は、事前に相手方の書面による同意を得た場合を除き、本契約に基づいて発生する一切の権利を第三者に譲渡し、又は担保の目的にしてはならない。
第20条（賠償責任）　甲及び乙は、本契約に基づく債務を履行しないことが原因で、相手方に現実に損害を与えた場合には、本契約の解除の有無に関わらず、本件運営業務に対する委託料額の１年分を限度として損害賠償責任を負

う。本項には相手方の責に帰すことができない事由による一方的な契約解除を含む。

第21条（免責）乙は、次の各号につき、一切の責任を負わないものとすることに甲は合意する。
一 乙の予見を問わず、乙の責に帰すことができない事由により生じた損害、間接的、二次的、付随的、懲罰的な損害賠償責任及び利益や売上の損失に対しての責任
二 成果物の公開による、第三者から訴えの提起、閲覧者からのクレーム、売上確保
三 プラットフォーム、その他の乙による管理が及ばない理由による本件アプリの不具合

第22条（委託業務の一時停止又は中止）乙は、次の場合には、甲と事前に協議の上、（ただし、緊急やむを得ない場合はこの限りではないものとする）本件アプリの提供及び運用の一時停止又は中止の申入れをすることができる。
一 本件アプリ又は本件アプリの配信システムに瑕疵その他の不具合が発見された場合
二 本件アプリに関して第三者からの異議等が生じた場合
三 本件アプリの配信システムの通常かつ正常な稼動の維持を達成する上で必要な保守、点検又は工事等を行う場合
四 第三者の電気通信設備の障害その他乙の責に帰すべからざる事由により本件アプリの提供ができない場合

2 乙が前項の申入れを承諾した場合、残存成果の権利帰属及び権利移転の対価については、甲乙協議の上、決定する。

第23条（不可抗力）甲及び乙は、天災地変、戦争、内乱、暴動、ストライキ、労働争議、社会的大変動、法令の改廃及びその他の本契約に重大な影響を与えると認められる事由など、双方いずれの責にも帰し得ない不可抗力によることが明らかであるときは、本契約の不履行とはせず、その責を負わないものとする。

第24条（契約の解除及び期限の利益の喪失）甲及び乙は、相手方が次の各号に該当した場合には、予告なく本契約の全部又は一部を解除することができる。

一 当事者一方が相手方に対する料金支払債務、その他一切の債務につき支払義務を怠ったとき
二 差押、仮差押、仮処分、公売処分、租税滞納処分及びその他公権力の処分を受け、又は民事再生手続きの開始若しくは会社更生手続きの開始、破産若しくは競売を申し立てられ、あるいは自ら民事再生手続きの開始若しくは会社更生手続きの開始又は破産申立てを行ったとき
三 監督官庁により営業停止、営業免許又は営業登録の取消処分を受けたとき
四 資本を減少し、若しくは営業の廃止、変更又は解散の決議をしたとき
五 自ら振り出し、若しくは引き受けた手形又は小切手につき不渡りとなったとき、若しくは不渡り処分を受ける等支払停止状態に至ったとき
六 本契約の条項に違反し、一方が相当な期間を定めて催告したにも関わらず、なおその期間内に是正しないとき
七 その他、財産状況が悪化し、又はその恐れがあると認められる相当の事由があるとき
八 刑法上の犯罪行為、民事上の犯罪行為、その他法令・公序良俗に反する行為が認められたとき
九 当事者一方が信用を著しく毀損する行為又は背信的と認められる行為を行ったとき
2 前項各号の場合に該当した者は、相手方に対し負っている債務について期限の利益を失い、直ちに債務の全額を一括して弁済しなければならない。

第25条（契約終了時の措置） 本契約が期間満了、解除その他の事由により終了する場合、甲及び乙は、本件アプリに関して利用者に対して不利益とならないよう、両者協議の上、合意により次の事項を定め、当該利用者に対する適切な対応を行うものとする。
一 本件アプリの配信を停止する日（以下「配信停止日」という）。
二 本件アプリの課金サービスを停止する日（以下「課金停止日」という）。なお、課金停止日は、配信停止日の少なくとも30日以上前で、かつ本件アプリの内容に照らし適当と認められる日でなければならない。
三 利用者に対し本件アプリの配信及び課金サービスの停止に関する告知日（告知日は配信停止日の少なくとも90日以上前の日を原則とする）。

2　配信停止日が本契約の終了日よりも後となる場合は、当該配信停止日まで本契約は有効に存続するものとする。
3　甲及び乙は、配信停止日まで、本契約の定めに従い善良なる管理者の注意義務をもって本件運営業務を遂行するものとする。
4　本契約が期間満了、解除その他の事由により終了した場合、甲及び乙は、本契約に関する相手方の資料等を、相手方の指示に従い、速やかに相手方に返却し又は廃棄若しくは消去するものとする。
5　配信停止日以降の、本件運営業務は甲が行うものとする。

第26条（準拠法、合意管轄） 本契約の準拠法については日本法が適用されるものとする。
2　甲及び乙は、本契約に関して万一紛争が生じた場合は、○○裁判所を第一審の専属的合意管轄裁判所とすることに合意する。

第27条（協議） 本契約に定めのない事項又は本契約の条項の解釈に疑義が生じた事項については、甲乙協議の上、円満解決をはかるものとする。

以上、本契約成立の証として、本契約書を2通作成し、甲乙署名又は記名押印の上、各々1通を保有する。

平成○○年○月○日

　　　　　　　　　　　　　　（甲）○○県○○市○○町○丁目○番○号
　　　　　　　　　　　　　　　　　株式会社○○○○
　　　　　　　　　　　　　　　　　代表取締役　　○○○○　㊞
　　　　　　　　　　　　　　（乙）○○県○○市○○町○丁目○番○号
　　　　　　　　　　　　　　　　　株式会社○○○○
　　　　　　　　　　　　　　　　　代表取締役　　○○○○　㊞

（別紙）
■本件制作業務における成果物

成果物 （納入媒体：DVD-R等）	納入期日 （検収期日は、納入された翌日から起算して21日以内）	支払時期 （乙の責による納品時期が遅れた場合、検査に合格した本成果物の納品後60日以内とする）	支払金額 （消費税を含まない）
本件アプリ仕様書等 ・遷移図・機能設計 ・課金アイテム表 ・原画・ポートフォリオ	0000年0月00日	0000年0月00日	￥2,000,000 -
試用版	0000年0月00日	0000年0月00日	￥4,500,000 -
α版	0000年0月00日	0000年0月00日	￥4,500,000 -
β版	0000年0月00日	0000年0月00日	￥4,500,000 -
Master版	0000年0月00日	0000年0月00日	￥4,500,000 -

※それぞれの成果物は、制作サーバ上で動作確認可能な状態とする。
※成果物には、本件プログラムのソースコードを含む。

■成果物対応機種の詳細

iPhone	iPhone 5	iOS 6
	iPhone 3GS ～ 4S	iOS 5、iOS 6
iPad	iPad mini	iOS 5、iOS 6
	iPad（第3世代）	iOS 5、iOS 6
	iPad2	iOS 5、iOS 6
	iPad	iOS 5
Android	Galaxy Nexus	Android 4.1 ～ Android4.3
	Xperia Z1	Android 4.1 ～ Android4.3
	AQUOS PHONE	Android 4.1 ～ Android4.3
	ARROWS NX	Android 4.1 ～ Android4.3

■本件運営業務内容と成果物の詳細

	業務内容詳細	成　果　物
1．運営業務	甲が指定するプラットフォーム上において甲の指定する運営方針に従い本件アプリを運営、及び管理する業務。	なし
2．問い合わせサポート業務	甲及びプラットフォームによるガイドラインに従った、利用者からの問い合わせ対応業務。	問い合わせサポート報告書 ※電子メール又は書面による。
3．品質管理業務	本件アプリの収益向上を目指した企画立案、実施業務。	なし。 ※追加制作が必要な場合、「追加制作提案書」提出。
4．コンテンツ追加制作業務	新規アイテム及び新規キャラクター、イベント等を随時追加制作する業務。 ※月当たりの制作数は、甲乙間の協議で決定。	新規コンテンツ報告書 ※電子メール又は書面による。
5．保守業務	本件アプリに生じた不具合の修捕を行う業務。	
6．その他	上記に付随する一切の業務。	

■乙指定の金融機関口座

　　○○○○銀行　　　○○○○支店
　　普通預金口座　　　番号○○○○
　　口　座　名　義　　カブシキガイシャ○○○○○○○○

アドバイス

1 どんな契約なのか

　スマートフォンにダウンロードして使用するアプリケーションの制作とその後の運用管理まで受託した場合に利用できる書式になります。本書式例では、近年話題性の高いキャラクターをメインとしたアイテム課金型パズルゲームを制作した場合を例としています。収入印紙については、本書式例は印紙税法の第２号文書に該当し、業務対価が2000万円（第５条第２項）であることから、２万円分の収入印紙を貼付することになります。なお、アプリケーションの制作とその後の運用管理のいずれか一方の業務委託に利用する場合、委託する業務と関係しない本書式の条項を削除して利用することになります。

　スマートフォンに関する契約は、近年のソフトウェア制作（開発）関連の契約の中でも、最も変化が激しく、法整備との齟齬も生じやすい分野です。特に通常のソフトウェアよりも厳格な成果物の考え方（段階的な成果物の設定）が重要です。さらに、キャラクターなどのコンテンツを利用することが多いために、コンテンツの権利処理や監修に関する規定を厳格に定める必要があります。

　なお、スマートフォンのアプリケーション制作においては、多くの機種、スペック、画面サイズが散乱しているため、どのような環境でも動くようにすることは非常に困難です。そこで、必ず対応機種を限定して契約することが必要となります（別紙、178ページ）。

2 スマートフォンに関する契約固有の問題

　スマートフォンという特性上、特に注意を要する規定を取り上げます。

① 成果物の取扱い

　第１条の定義条項にあるように、「α版、β版、Master版」というような成果物の段階分けをしています。Webサイト等以上に発注者の意図と受注者の考えが定まりにくいアプリケーションの特性を踏まえての対策で、それぞれの成果物完成ごとに対価も支払われるようにすることが重要です（別紙欄）。

　また、仕様変更時の追加料金（第９条）を規定することが望ましいでしょう。

　なお、運用業務においては制作業務と違いアプリケーションのような成果物ではなく、「報告書」や「提案書」といったものが成果物として考えられます。ただし、本書式例のようなゲームに関するアプリケーションの場合、運用業

務に関連して新規アイテムや新規キャラクター、新規イベントなどを随時追加制作することが義務となりやすく、これらの実績を報告する目的でも報告書が用いられます。

② 費用の分担

特に運用業務も行う場合ですが、サーバ費、プラットフォーム利用料などの負担をどちらが行うかは明確にしておきます（第6条第2項第二号）。費用は、問い合わせ対応などを行う場合の費用も考えられます（本書式では未設定）。

③ 運用業務について

運用内容（別紙欄）、運用対価の詳細（第6条）をはじめ、運用業務遂行中の対策（第22条）、運用業務契約解除後の手続き（第25条）などは必ず記載します。書式例を参考にそれぞれの事情に合わせた内容を詳細に定めるようにしましょう。また、第21条のようにアプリケーションを運用することによる収益又は損失が発生しないことに対する責任、利用者からのクレーム対応などは免責されることを明示しておくことが望ましいといえます。

④ 秘密保持と個人情報保護

特にキャラクターを用いたソフトウェア開発では、運用業務開始までの秘密保持性が非常に高いために第18条のような秘密保持義務を厳格に捉える必要があります。また、アプリケーションの運用業務は利用者の個人情報を適正に取り扱うよう徹底する必要があります。これらの情報は運用業務の成果物である「問い合わせサポート報告書」や、その他の報告書にマーケティングデータとして取り扱う場合が考えられるために注意が必要です。

⑤ 運用業務停止後の措置について

Webサイトの運営と違い、スマートフォンアプリでは運用業務を停止した場合の利用者に対するダメージは非常に大きなものとなります。そこで、なるべくトラブルを防ぐためにも「配信停止日」についての考え方（第25条第1項各号）や、配信停止までの責任ある運用義務（第3項）などを詳細に定めておく必要があります。また、第25条第5項は、配信停止を行った場合にアプリケーションの権利者（第15条により発注者側に移転されています）自身が運用業務を継続することを確認する規定です。

書式4　秘密保持契約書

秘密保持契約書

委託者株式会社〇〇（以下「甲」という）と受託者株式会社〇〇ソフトサービス（以下「乙」という）とは、以下の通り秘密保持契約を締結するものとする。

第1条（目的）本契約は、甲乙間において締結した平成〇〇年〇月〇日付業務委託契約（以下「原契約」という）にともない、乙が知り又は知り得た甲の秘密情報を保持することを目的として締結されるものである。

第2条（定義）秘密情報とは、甲が秘密として指定した乙の管理する情報をいう。ただし、次の各号に定めるものは除くものとする。
　一　乙が原契約の締結前よりすでに保有していた情報
　二　乙が秘密保持義務を負うことなく第三者から適法かつ正当に入手した情報
　三　乙が独自に開発した事項に関する情報
　四　甲が公表することを承諾した情報
　五　すでに公知となっている情報
　六　開示後に公知となった情報

第3条（秘密保持義務）乙は、前条に規定する秘密情報を保持しなければならない。

2　乙は、秘密情報を複製又は複写してはならない。

3　乙は、原契約の履行のため、秘密情報を複製又は複写する必要がある場合には、事前に、甲の承認を得なければならない。この場合、乙は、甲に対し、複製又は複写する範囲・数量等、甲が要求する事項を記載して書面により通知しなければならない。

第4条（秘密情報の取扱い）乙は、原契約に定める利用目的に必要な範囲内で、所定の担当者によってのみ、秘密情報を取り扱うことができるものとする。

第5条（秘密情報の取扱いの再委託）乙は、秘密情報の取扱いを、第三者に再委託してはならない。

2　乙は、原契約の履行のため、秘密情報の取扱いを再委託する必要がある場

合は、事前に、甲の承認を得なければならない。この場合、乙は、甲に対し、再委託業務の内容、再委託先の詳細等甲が要求する事項を記載して書面により通知しなければならない。

第6条（安全管理体制の整備） 乙は、甲の個人情報保護コンプライアンス・プログラムに合致する個人情報の安全管理体制を整えなければならない。

第7条（報告及び監査） 乙は、甲に対し、秘密情報の取扱状況につき、毎月1回定期的に報告を行い、甲は、事前に通知することなく、監査を行うことができる。

第8条（責任分担） 乙の故意又は過失を問わず、秘密情報の漏えい等の事故が発生した場合には、乙は、甲に対し、遅滞なくこれを報告し、適切な措置を講じなければならない。

2　前項の事故を原因として、秘密情報の主体等から甲が損害賠償責任等の追及を受けた場合には、乙が、これを負担するものとする。

第9条（期間） 本契約の有効期間は、平成〇〇年〇月〇日から平成〇〇年〇月〇日までとする。

第10条（解除） 甲は、乙が本契約で規定する条項の一つに違反した場合には、事前の予告なく、原契約を解除することができる。

第11条（秘密情報の返還及び廃棄） 乙は、原契約の履行が終了した場合は、甲から提供を受けた秘密情報及びその複製物並びに複写物のすべてを甲に返還し、又は、廃棄するものとする。

第12条（合意管轄） 本契約に関して、甲乙間に生じる一切の紛争は〇〇地方裁判所を第一審の専属的合意管轄裁判所とする。

本契約の成立を証するため、本書2通を作成し、甲乙署名又は記名押印の上、各1通を保管するものとする。

平成〇〇年〇月〇日

　　　　　　　　　　　　　（甲）東京都〇〇区××〇丁目〇番〇号
　　　　　　　　　　　　　　　　株式会社〇〇
　　　　　　　　　　　　　　　　代表取締役　　〇〇〇〇　㊞

(乙)　東京都〇〇区××〇丁目〇番〇号
　　　株式会社〇〇ソフトサービス
　　　代表取締役　〇〇〇〇　㊞

・・・・・・ **アドバイス** ・・・・・・

1 どんな契約なのか

　秘密保持契約とは、企業が秘密情報を開示した場合に、その情報を外部に漏らさないことを約束させる契約のことです。業務委託などで他社に自社の業務を委託する場合には自社の機密情報が漏えいする可能性がありますから、このような秘密保持契約を締結し、相手の会社にも秘密情報を厳重に管理してもらうことが不可欠です。社内で規定されている「個人情報保護規程」、「個人情報取扱運用細則」に沿った形で、個人情報の保護を図ることも狙いの1つです。

　契約書には、秘密保持契約の対象となる秘密の範囲と義務を負う者について明らかにします。秘密保持の期間については、あまりに長期間だと受託者側の負担が過大になることもあるため、相手方と調整することが必要です。

　その他、業務委託契約の種類・性質・内容に応じて、秘密保持のためのさまざまな措置について規定することになります。

2　従業員との間の秘密保持契約や誓約書

　企業の秘密保持は、前述した業務委託などで他社に自社の業務を委託する場合の他に、勤務する従業員との関係でも問題となります。また、秘密保持契約とは別に、退職後に同業の会社に勤めたり、同業の会社を設立することを禁止する契約を結ぶこともあります。次ページの書式5は、退職する従業員と交わす誓約書の例です。従業員との間で秘密保持契約を結ぶタイミングは、①入社時、②在職中（特定のプロジェクトへの参画時等）、③退社時が考えられますが、退職の時点であれば、その従業者が持っている情報の内容や範囲も明確になっていますから、より特定された秘密保持契約を締結することができます。ただし、あまりに厳重な秘密保持義務を課して退職者の職業選択の自由や営業活動の自由を阻害しないように注意する必要があります。

書式5 競業禁止及び守秘義務に関する誓約書

競業禁止及び守秘義務に関する誓約書

私は、今般、貴社を退職するにあたり、以下のことを誓約いたします。

記

1　退職後、在職中に知得した貴社の有形無形の技術上、営業上その他一切の有用な情報及び貴社の顧客に関する情報（以下「本件情報」といいます）を、公知になったものを除き、第三者に開示、漏えいしないと共に、自己のため又は貴社と競業する事業者その他第三者のために使用しないこと。
2　退職後、貴社の顧客に関する個人情報（顧客から預かった個人情報を含む）を、不正に使用し、又は第三者に漏えいしないこと。
3　貴社の承認を得た場合を除き、退職後1年間は日本国内において貴社と競業する業務を行わないこと。また、貴社在職中に知り得た顧客、取引関係のある企業及び個人と退職後1年間は取引をしないこと。
4　本件情報が具体化された文書、電磁的記録物その他の資料及び本件情報に関連して入手した書類、サンプル等すべての資料を退職時までに貴社に返還すること。
5　貴社在職中に、前項の資料を貴社の許可なく社外に搬出していないこと及び第三者に交付等していないこと。
6　貴社在職中に、業務に関連して第三者に対し守秘義務を負って第三者の情報を知得した場合、当該守秘義務を退職後も遵守すること。
7　退職後、直接であると間接であるとを問わず、貴社の従業員（派遣社員やパートも含む）を勧誘しないこと。
8　この誓約書に違反して貴社に損害を及ぼした場合には、貴社の被った損害一切を賠償すること。

以上
（日付、当事者の住所、氏名・名称、押印　省略）

書式6 アウトソーシング契約書（情報システムの運用サービス業務の委託）

アウトソーシング・サービス契約書

　○○株式会社（以下「甲」という）と株式会社○○（以下「乙」という）とは、甲が乙に委託する運用サービス業務に関し以下の通り契約（以下「本契約」という）する。

第1条（目的） 甲は乙に対し、甲の基幹となるコンピュータシステム（以下「情報システム」という）の運用サービス業務を委託し、乙はこれを承諾する。
2　甲は乙に対し、運用サービス業務の対価として委託料を支払う。
3　甲及び乙は、運用サービス業務の遂行のために甲乙双方の共同作業・分担作業が必要とされることを認識し、それを誠実に実行に移し、誠意をもって相互に協力する。

第2条（定義） 本契約で使用する用語につき次の通り定義する。
　一　「運用サービス業務」とは、次号に定義するコンピュータ資源を利用して、乙が情報システムを運用・管理し、甲に対して、あらかじめ定めた情報処理サービスを提供することをいう。
　二　「コンピュータ資源」とは、情報システムのインフラストラクチャーを構成するコンピュータその他のハードウェア、ソフトウェア、データベース、通信回線、什器、備品、センター設備等を総称する。

第3条（業務の範囲） 運用サービス業務は、本契約及び運用マニュアルに基づく、情報処理サービス提供、コンピュータ資源の管理、及び情報システム利用者のサポートを含む業務とする。

第4条（業務遂行責任者） 甲及び乙は、本契約締結後速やかに、運用サービス業務を円滑に推進するため、それぞれ業務遂行責任者1名を選任し、相互に書面により相手方に通知する。なお、業務遂行責任者の変更を行ったときも同様とする。
2　甲及び乙は、相手方との連絡、確認等、及び相手方への依頼、要請、指示等は原則として業務遂行責任者を通じて行うものとする。

第5条（協議機関）甲及び乙は、その進捗状況の報告、問題点の協議・解決、その他運用サービス業務推進に必要な事項を協議するため、協議機関を設け、定期的にこれを開催する。

2　甲及び乙は、協議機関で合意・決定した事項については、これに従わなければならない。

3　甲及び乙は、運用サービス業務遂行にあたり、障害・トラブル・問題が発生したことを知ったときは、直ちに自らの業務遂行責任者を窓口として相手方の業務遂行責任者に連絡し、問題解決のために、必要であれば速やかに協議機関において協議を行い、これに対処する。

第6条（対価）甲は、運用サービス業務の対価として、別紙記載の運用サービス委託料を乙に支払う。

2　経済情勢の著しい変動によって運用サービス委託料が不相当となり、変更の必要が生じた場合、又は運用サービス業務の範囲及び運用マニュアルで定められた範囲の変更があった場合、本契約期間中であっても甲乙双方協議の上、運用サービス委託料を変更することができる。

第7条（データの取扱い）乙は、甲のデータを取扱うときは、運用マニュアルに基づき、使用、処理及び保管を行い、本契約の目的以外に一切使用してはならない。

第8条（追加サービス）甲が、第3条に定める運用サービス業務の範囲及び運用マニュアルで定められた範囲を超えて新たなサービス（以下「追加サービス」という）を受けることを希望する場合、甲は乙に対し、希望する日の〇日前までにその旨を書面で申し入れる。

2　乙は、前項の申入れを受けたときは、可能な範囲内で追加サービスの提供に応じるものとし、その対価、条件その他につき甲と協議の上、決定する。

第9条（業務の一時停止）乙は、コンピュータ資源、通信回線等の保守その他工事等により、運用サービス業務を一時的に停止しなければならないときは、事前にその旨甲に通知することにより、運用サービスを一時停止することができる。但し、緊急やむを得ない場合は、乙は、事後速やかに報告することにより事前の通知に代えることができる。

第10条（再委託）乙は、運用サービス業務の全部又は一部を第三者に再委託

するときは、甲の事前の書面による承諾を得なければならない。

2　乙は、前項に基づき第三者に運用サービス業務を再委託した場合、当該第三者に本契約の定めを遵守させなければならない。

3　乙は、当該第三者が本契約に違反した場合であっても、本契約に定める義務を免れることはできない。

第11条（譲渡禁止）甲及び乙は、相手方の事前の書面による承諾を得た場合を除き、本契約に基づく権利義務の全部又は一部を譲渡し、又は担保に供してはならない。

第12条（知的財産権）運用サービス業務遂行の過程において行われた発明、創作等によって生じた特許権、著作権その他の知的財産権（著作権法27条及び28条の権利並びにノウハウを含む）は、乙から甲に対し譲渡される。この場合、乙は、当該知的財産権の譲渡、登録その他手続きにつき甲に協力する。

第13条（秘密保持）甲及び乙は、本契約に基づき取得した相手方の営業上又は技術上の秘密については、次のものを除き、本契約期間中及びその終了後も、相手方の事前の書面による承諾なく第三者に開示、漏えいしてはならない。

一　自らの責によらずに公知となった情報
二　権限ある第三者から取得した情報
三　相手方から開示される前から合法的に保有している情報
四　独自に開発した情報
五　裁判所又は権限ある行政機関から提出を命じられた情報
六　法令等の定めるところにより開示された情報

第14条（解約）甲及び乙は、契約期間満了前に本契約を解約しようとする場合、その3か月前までに相手方に対して、書面により解約の申入れをしなければならない。

第15条（契約解除）甲又は乙は、相手方が次の各号の一つに該当した場合は、何らの催告を必要とせず、直ちに本契約を解除することができる。

一　本契約に違反した場合に、相当の期間を定めて是正を勧告したにも関わらず、当該期間内に是正を行わないとき
二　営業停止など行政処分を受けたとき
三　税の納付に関し滞納処分を受けたとき

四　差押、仮差押、仮処分等を受けたとき
五　手形又は小切手につき不渡り処分を受けたとき
六　破産、民事再生又は会社更生の申立を行ったとき、又はこれらの申立が第三者からなされたとき
七　会社の組織について、解散、合併、会社分割、又は事業の全部又は重要な一部の譲渡を決議したとき
2　前項に基づいて本契約が解除されたときは、帰責事由のある当事者は、相手方に対して、本契約の解除により相手方が被った損害を賠償しなければならない。
第16条（契約期間）本契約の期間は、平成○○年○月○日から平成○○年○月○日までとする。ただし、期間満了の6か月前までに甲乙双方から別段の意思表示なきときは、自動的に1年間更新するものとし、以後も同様とする。
第17条（契約終了後の措置）乙は、本契約が終了した場合、甲から貸与・提供を受けた資料等を遅滞なく甲に返還しなければならない。
2　甲は、本契約が終了した場合、乙から提供を受けたコンピュータ資源の使用を直ちに終了しなければならない。
3　乙は、本契約が終了した場合、甲又は甲の指名する者に対し、乙が本契約に基づき運用・管理していた運用サービス業務を円滑に移管することに協力する。
第18条（裁判管轄）甲及び乙は、本契約に関する一切の紛争に関しては、東京地方裁判所を第一審の専属的管轄裁判所とすることに合意する。
第19条（双方協議）本契約に定めのない事項又は本契約の条項に解釈上の疑義が生じた事項については、甲乙双方協議の上、解決する。

本契約の成立を証するため、本書2通を作成し、甲乙署名又は記名押印の上、各1通を保有する。

平成○○年○月○日

　　　　　　　　　　　　　　　（甲）東京都○○区××○丁目○番○号
　　　　　　　　　　　　　　　　　　○○株式会社
　　　　　　　　　　　　　　　　　　代表取締役　　○○○○　㊞
　　　　　　　　　　　　　　　（乙）東京都○○区××○丁目○番○号

```
                                    株式会社○○
                                    代表取締役　○○○○　㊞
```

・・・・・・ アドバイス ・・・・・・

1　どんな契約なのか

　ある企業で行っている業務の一部を、専門性の高い別の企業に担ってもらうことをアウトソーシングといいます。

　アウトソーシングする際の契約には、派遣契約、出向契約、請負契約、委任契約などの種類があります。

　本書式は、サンプルとして情報システムの運用サービス業務を委任する場合のアウトソーシング契約の書式例を掲載しています。

　アウトソーシング契約は口約束でも成立しますが、口頭での約束では業務の範囲や方法、納品期限などについて双方で認識の相違により、後にトラブルに発展することも予想されます。そのような事態を避けるためには、アウトソーシングする段階で契約書を作成し、条件について両者の認識を共有しておく必要があります。

2　どのようなことを規定するのか

　契約を結ぶ際に、その契約書に記載する内容として挙げられるのは、①業務の内容と範囲、②納品物がある場合には成果物の納品方法、③契約期間、④報酬と支払時期、支払方法、⑤契約解除の理由などです。

　秘密保持や守秘義務については、同業他社とも契約する可能性があることなども考慮し、「契約期間終了後も守秘義務は継続して課せられる」という内容を盛り込むかどうかを検討する必要があります。また、発注した企業からすれば、アウトソーサーの業務形態や進捗状況がわかりにくい状態になることもあるため、必要に応じて報告義務などを課す条項を契約書に盛り込んでおくと安心でしょう。なお、損害賠償の条項を設ける際には、どのような事態が起こった場合にどんな損害が発生するのか、また、どの程度の賠償額を請求するのかといったことをできるだけ具体的に示しておくべきです。

書式7　インターネット広告代理店契約書

収入印紙
4,000円

インターネット広告代理店契約

広告主○○○（以下「甲」という）と広告会社である株式会社×××（以下「乙」という）は、乙が販売・提供する商品・サービスに関して、インターネット広告宣伝取引における基本となる契約（以下「本契約」という）を以下の通り締結する。

第1条（目的） 本契約は、甲乙間の広告宣伝取引に関し、甲及び乙が信義誠実に履行し、公正な取引関係を維持することを目的とする。

第2条（定義） 本契約における広告宣伝取引とは、甲が乙に対して次の各号に定める業務の提供を依頼し、その対価を支払うことをいう。
一　宣伝広告方法の企画立案
二　広告の企画・制作
三　広告出稿の管理
四　インターネット上におけるイベント及びキャンペーンの企画・実施運営
五　広告効果の測定
六　データの収集・分析
七　コンサルティング等のマーケティング業務
八　前各号に付帯関連する一切の業務
2　本契約における宣伝広告方法とは、次の各号に定めるものをいう。
一　バナー広告
二　メール広告
三　タイアップ広告
四　リスティング広告（検索連動型広告）
五　アフィリエイト広告（成果報酬型広告）
六　SEO（検索エンジン最適化）
七　LPO（ランディングページ最適化）
八　将来新しく開発される宣伝広告方法を含む、甲乙間で合意された宣伝広

告方法

第３条（本契約と個別契約との関係） 本契約は、本契約の有効期間中、甲乙間で締結される個別の契約（以下「個別契約」という）に特約のない限り、甲乙間のすべての個別契約に適用されるものとする。

第４条（個別契約の成立） 個別契約は、発注年月日、業務の件名、業務の内容、単価、代金額、納期、納入場所などを記載した個別契約書を締結するか、又は甲から乙に同様の記載のある注文書を交付し、当該注文書に対する乙の注文請書を甲が受領したときに成立する。

２　前項の注文書の交付及び注文請書の発行は、電子メール等によって代替することができる。

第５条（対価の決定） 個別契約の履行に伴う対価は、第３条で定める代金額に基づき、甲乙協議の上、決定されるものとする。

２　個別契約に定める業務に変更があったときは、甲乙協議の上、適切な代金額を定めるものとする。

第６条（請求と支払方法） 乙は毎月末日をもって当該１か月間の代金を締め切り、翌月〇日までに甲に請求する。

２　甲は請求月の翌月〇日までに請求額を乙の指定する銀行口座へ振り込み、支払う。なお振込手数料は甲が負担するものとする。

第７条（著作権等） 乙又は乙に対して使用を認めた権利者が制作したコンテンツ（文章、写真、データ、音声、音楽、イラストレーション、動画などを指すがそれらに限らない。以下単に「コンテンツ」という）に関する著作権（著作権法27条及び28条に規定する権利を含む）その他の権利は、乙又は乙に対して使用を認めた権利者に帰属するものとする。

２　甲が乙に提供したコンテンツに関する著作権その他の権利は甲に帰属するものとする。

第８条（契約解除） 甲又は乙は、相手方が次の各号に該当した場合は、何らの催告を要せず、直ちに本契約を解除することができる。

　一　本契約の条項に違反したとき

　二　本契約に違反すると思われる場合に、相当の期間を定めて是正を勧告したにも関わらず、当該期間内に是正を行わないとき

三　営業停止など、行政処分を受けたとき
四　税の納付に関し、滞納処分を受けたとき
五　差押、仮差押、仮処分等を受けたとき
六　手形又は小切手につき不渡り処分を受けたとき
七　破産、民事再生又は会社更生の申立を行ったとき、又はこれらの申立が第三者からなされたとき
八　会社の組織について、解散、合併、会社分割、又は事業の全部又は重要な一部の譲渡を決議したとき

2　前項に基づいて本契約が解除されたときは、帰責事由の存する当事者は、相手方に対する一切の債務について、当然に期限の利益を失い、直ちに相手方に弁済しなければならない。

3　本条第1項に基づいて本契約が解除されたときは、帰責事由の存する当事者は、相手方に対して、本契約の解除により相手方が被った損害を賠償するものとする。

第9条（反社会的勢力の排除）　甲及び乙は、相手方が次の各号のいずれかに該当した場合は、何らの催告を要することなく本契約及び個別契約の全部を解除できる。

一　暴力団、暴力団員、暴力団関係者、その他反社会的勢力（以下「暴力団等」という）であるとき
二　代表者、責任者、又は実質的な経営権を有する者が暴力団等であるとき、又は暴力団等への資金提供を行う等密接な交際のあるとき
三　自ら又は第三者を利用して、相手方に対して、自らが暴力団等である旨を伝え、又は関係者が暴力団等である旨を伝えたとき
四　自ら又は第三者を利用して、相手方に対して、詐術、暴力的行為又は脅迫的言辞を用いたとき
五　自ら又は第三者を利用して、相手方の名誉・信用等を毀損し、又は毀損するおそれのある行為をしたとき
六　自ら又は第三者を利用して、相手方の業務を妨害し、又は妨害するおそれのある行為をしたとき

2　甲及び乙は、前項の規定により本契約及び個別契約を解除した場合は、相

手方に損害が生じても、これを一切賠償しないものとする。

第10条（再委託）乙は、本契約又は個別契約に基づく業務の全部又は一部を第三者に再委託することができるものとする。

2 　前項の場合、乙は当該再委託先に本契約と同等の義務を負わせなければならない。また、その場合であっても、乙は本契約及び個別契約で負う責任を免れることはできない。

第11条（秘密保持）甲及び乙は、互いに、本契約に基づき知得した相手方の営業上又は技術上の秘密については、次のものを除き、本契約期間中及びその終了後も、相手方の書面による許諾なく第三者に開示、漏えいしてはならない。

一　自らの責によらずに公知となった情報
二　権限ある第三者から知得した情報
三　相手方から開示される前から合法的に所有している情報
四　独自に開発した情報
五　権限ある裁判所又は行政機関から提出を命じられた情報
六　法律、条例等の定めるところにより開示された情報

第12条（権利の譲渡等）甲及び乙は、相手方から書面による承諾を得ることなく、本契約及び個別契約上の地位を第三者に承継させ、又は本契約及び個別契約から生じる権利義務の全部若しくは一部を第三者に譲渡し、若しくは担保に供してはならない。

第13条（損害賠償）甲又は乙が、本契約又は個別契約の条項に違反し、相手方に損害を与えたときには、違反した当事者は、損害を被った相手方に対してその損害を賠償するものとする。

第14条（不可抗力）甲及び乙は、本契約及び個別契約の不履行につき、その不履行が、次の各号に定める不可抗力による場合、その事由の継続する期間に限り、相手方に対し、その不履行の責を免れるものとする。

一　天災地変
二　戦争及び内乱
三　暴動
四　伝染病の蔓延

五　政令の制定・改変
　六　公権力による命令・処分・指導
　七　火災及び爆発
　八　ストライキ・ロックアウト等の争議行為
　九　通信回線等の事故
　十　その他甲及び乙の責に帰することが不可能であり、かつ甲及び乙が支配することが不可能な事態

第15条（合意管轄） 甲及び乙は、本契約及び個別契約より生じる紛争の一切につき、甲の本店所在地を管轄する地方裁判所を第一審の専属的合意管轄裁判所とする。

第16条（双方協議） 本契約に定めなき事項又は本契約の条項に解釈上の疑義が生じた事項については、甲乙協議の上、解決するものとする。

本契約の成立を証するため、本書2通を作成し、甲乙署名又は記名押印の上、各1通を保有することとする。

平成〇〇年〇月〇日

　　　　　　　　　　　広告主（甲）〇〇県〇〇市〇〇町〇丁目〇番〇号
　　　　　　　　　　　　　　　　　〇〇〇
　　　　　　　　　　　　　　　　　代表取締役　　〇〇〇〇　㊞
　　　　　　　　　　　広告会社（乙）〇〇県〇〇市〇〇町〇丁目〇番〇号
　　　　　　　　　　　　　　　　　株式会社×××
　　　　　　　　　　　　　　　　　代表取締役　　〇〇〇〇　㊞

アドバイス

1　どんな契約なのか

ネット通販ショップなどがインターネット上で広告宣伝を行おうとする際に、広告会社を代理店として締結する継続的な取引基本契約です。

ネット上で商品・サービスを提供して、売上を確保したり評価を高めたりするためには、ウェブサイトに「見込み客」を集める必要があります。インターネット広告は、そのための有力な手段といえます。自社で行うこともできますが、ショップなどがある程度の規模になったときには、広告会社を活用して、その情報収集分析能力・交渉力・ノウハウなどを利用した方が効率的でしょう。

2　著作権等（第7条）

コンテンツの著作権の帰属について明確にしておくことは重要です。本書式第7条は、原則として広告会社に帰属するとし、広告会社有利のものとなっています。逆に、原則広告主に帰属させて、広告主有利の規定とすることも考えられます。

広告主を有利にするための規定の仕方は以下の通りです。

＜原則として著作権を広告主に帰属させる規定例＞

> 第7条（著作権等）
> 　甲の委託により乙が制作したコンテンツ（文章、写真、データ、音声、音楽、イラストレーション、動画などを指すがそれらに限らない。以下単に「コンテンツ」という）に関する著作権（著作権法27条及び28条に規定する権利を含む）その他の権利は、甲に移転するものとする。
> 2　前項に関わらず、以前より乙又は乙に対して使用を認めた権利者が著作権をもつ著作物に関する著作権は乙に留保されるものとする。

3　暴力団排除（第9条）

「暴力団排除条例」は、平成23年10月から、全都道府県で施行されています。この特約条項は、努力義務（法律に定められていることを行うように努力する義務のこと）規定ですので、すべての契約に定めなければならないとはされていませんが、取引基本契約には盛り込むべきでしょう。

書式8　ITコンサルタント業務委託契約書

ITコンサルタント業務委託契約書

株式会社〇〇〇〇（以下「甲」という）と、〇〇〇〇（以下「乙」という）は、ITコンサルタント業務の委託に関し、以下の通り契約（以下「本契約」という）を締結する。

第1条（定義） 本契約上で使用される用語の定義は次の通りとする。
　一　「IT」とは、コンピュータ及びネットワークに関する技術を総称して用いる。
　二　「ベンダー」とは、コンピュータシステムやネットワークシステムなどの開発、提供及び設置などを行う企業をいう。
　三　「RFP」とは、ITシステム導入にあたり、ベンダーに具体的な設計案などを掲示する文書をいう。
　四　「電子メール」とは、ネットワークを通じて行うメッセージ通信をいい、承諾その他の意思の通知は到達した時点で有効な意思表示がなされたものとみなす。
　五　「サーバ」とは、ネットワーク上において、コンピュータからの要求を受け、一括処理をしてファイルやデータ等を提供するコンピュータをいう。
　六　「アクセス」とは、ネットワークを使ってデータの読み出しや書き込みを行うことをいう。

第2条（目的及び委託の内容） 甲は、業務の競争優位及び事務並びに管理業務の効率化を実現するために、次の業務（以下「本件業務」という）を乙に委託し、乙はこれを受諾する。
2　乙が、甲に提供する業務は準委任契約とし、詳細は次の通りとする。
　一　事業戦略実現及び事務並びに管理業務の効率化に必要なITシステム体制の提案及び構築。
　二　競争優位性を築くためのIT戦略の立案。

三　前各号を結びつけるための業務プロセスの策定。
　四　ITシステム導入に際し、必要となった場合のRFP作成。
　五　その他のIT活用プランニングの立案。
3　乙は、前項各号の業務を実施するため、毎週1回（1回につき3時間以上）、甲の指定する場所にて、討議及び現場調査を行うものとする。なお、具体的な日程は甲乙間協議の上、決定する。
4　乙は本件業務による効果に対する責任は一切行わず、甲はこれを承諾する。
5　乙は、毎月25日までに、甲に対し本件業務に関する前月分の実施内容及び結果についてレポートを電子メールに添付して提出しなければならない。ただし、次条に定める甲の作業の遅延又は誤り等があった場合はこの限りではない。
6　乙は、甲に対し本契約期間の半期ごとに業務工程表を作成し電子メールに添付して提出しなければならない。ただし、甲が当該業務工程表の提出を必要としない旨を乙に通知した場合には、この限りではない。

第3条（甲の協力義務） 甲は、本件業務の実施にあたっては、次の事項に留意し乙に協力するものとする。
　一　甲の本件業務に関する窓口及び協力者となる担当責任者1名の決定
　二　本件業務遂行上必要な情報及び社内資料の提供並びに各書類の記載及び手配
　三　乙が甲の共同作業者を必要とする場合は、その提供及び手配についての協力
　四　その他、本件業務遂行上必要な場所、機器、ソフトウェア及び素材等の提供又は貸与
　五　本件業務遂行上必要となるベンダー等との速やかな契約締結

第4条（委託料） 甲が、乙に対して支払う本件業務委託料は月額¥80,000－（消費税を含まない）とする。
2　前項の委託料は、乙が当月分の報酬を翌月10日までに甲に請求し、甲は、請求対象月の翌月末日までに、乙の指定する金融機関口座に甲の手数料負担のもと、振り込むものとする。なお、甲は支払に際し別途源泉徴収税を控除するものとする。

・乙指定の金融機関口座
　○○○○銀行　　　○○○○支店
　普通預金口座　　　番号○○○○
　口　座　名　義　　○○○○○○○○

第5条（契約期間）　本契約の期間は、契約成立の日から1年間とする。ただし、期間満了の1か月前までに、甲又は乙から、何らの意思表示がない場合には、更に1年間、同一条件にて延長したものとみなし、以後も同様とする。

第6条（費用の取扱い）　乙は、甲に対し本件業務を遂行するために要する費用（調査費、資料作成費（乙によるRFP作成費を含む）、乙の交通費、出張費及び宿泊費を含む）を、乙が事前に書面又は電子メールによって甲に通知し、甲が承諾したものに限り、別途請求することができる。

第7条（再委託の禁止）　乙は、本件業務の全部又は一部を第三者に委託してはならない。

第8条（資料又は機器の保管・管理）　乙は、本契約期間中に限り、本件業務に必要なID及びパスワードを保有し、サーバ及びアクセス解析画面等にアクセスすることができる。

2　乙は、本件業務に関して甲より提供された一切の資料及び情報並びに貸与された機器を、善良なる管理者の注意義務をもって保管及び管理し、甲の事前の書面又は電子メールによる承諾を得ないで複製又は第三者へ交付し、その他本件業務以外の目的に使用してはならない。

3　乙は、提供された資料及び情報並びに機器等が不要となった場合、又は本契約が解除された場合、若しくは甲からの要請があった場合、提供された資料及び情報並びに機器等を速やかに処分（貸与された機器等については甲に返却）するものとする。

第9条（提供情報の取扱い）　甲は、乙が本件業務を遂行する過程で甲に対して行った提案、指導、及び助言等の情報について、自己の責任と負担においてのみ利用することができる。

2　前項の情報は、第三者に利用させないものとする。ただし、乙による事前の書面による承諾がある場合はこの限りではない。

第10条（秘密保持）甲及び乙は、本契約の履行に関連して知り得た相手方に関するすべての秘密情報を、相手方の書面又は電子メールによる承諾なくして、第三者に開示又は漏えいしてはならない。ただし、法令の定めに基づいて、官公署等から開示の要求があった場合は、開示することができる。

2　前項の秘密情報には、次の各号に掲げる情報を含まない。
　一　秘密保持義務を負うことなくすでに保有している情報
　二　秘密保持義務を負うことなく第三者から正当に入手した情報
　三　相手方から提供を受けた情報によらず、独自で保有していた情報
　四　事前に公知となっている情報

3　本条の規定は、本契約終了後又は期間満了後も有効に存続する。

第11条（譲渡禁止）甲及び乙は、事前に相手方の書面による同意を得た場合を除き、本契約に基づいて発生する一切の権利を第三者に譲渡し、又は担保に供してはならない。

第12条（賠償責任）甲及び乙は、本契約に基づく債務を履行しないことが原因で、相手方に現実に損害を与えた場合には、本契約の解除の有無に関わらず、本件業務に対する委託料額の1年分を限度として損害賠償責任を負う。本項には相手方の責に帰すことができない事由による一方的な契約解除を含む。

第13条（免責）乙は、次の各号につき、一切の責任を負わないものとすることに甲は合意する。
　一　乙の予見を問わず、乙の責に帰すことができない事由により生じた損害、間接的、二次的、付随的、懲罰的な損害賠償責任及び利益や売上の損失に対しての責任
　二　乙が本件業務を遂行する過程で甲に対して行った提案、指導、及び助言等の情報に関してなされる第三者から訴えの提起、閲覧者からのクレーム

第14条（不可抗力）甲及び乙は、天災地変、戦争、内乱、暴動、ストライキ、労働争議、社会的大変動、法令の改廃及びその他の本契約に重大な影響を与えると認められる事由など、双方いずれの責にも帰し得ない不可抗力によることが明らかであるときは、本契約の不履行とはせず、その責を負わないものとする。

第15条（契約の解除及び期限の利益の喪失）甲及び乙は、相手方が次の各号に該当した場合には、予告なく本契約の全部又は一部を解除することができる。
一　当事者一方が相手方に対する料金支払債務、その他一切の債務につき支払義務を怠ったとき
二　差押、仮差押、仮処分、公売処分、租税滞納処分及びその他公権力の処分を受け、又は民事再生手続きの開始若しくは会社更生手続きの開始、破産若しくは競売を申し立てられ、あるいは自ら民事再生手続きの開始若しくは会社更生手続きの開始又は破産申立てを行ったとき
三　監督官庁により営業停止、営業免許又は営業登録の取消の処分を受けたとき
四　資本を減少し、若しくは営業の廃止、変更又は解散の決議をしたとき
五　自ら振り出し、若しくは引き受けた手形又は小切手につき不渡りとなったとき、若しくは不渡り処分を受ける等支払停止状態に至ったとき
六　本契約の条項に違反し、一方が相当な期間を定めて催告したにも関わらず、なおその期間内に是正しないとき
七　その他、財産状況が悪化し、又はその恐れがあると認められる相当の事由があるとき
八　刑法上の犯罪行為、民事上の犯罪行為、その他法令・公序良俗に反する行為が認められたとき
九　当事者一方が信用を著しく毀損する行為又は背信的と認められる行為を行ったとき
2　前項各号の場合に該当した者は、相手方に対し負っている債務について期限の利益を失い、直ちに債務の全額を一括して弁済しなければならない。

第16条（準拠法、合意管轄）本契約の準拠法については日本法が適用されるものとする。
2　甲及び乙は、本契約に関して万一紛争が生じた場合は、○○裁判所を第一審の専属的合意管轄裁判所とすることに合意する。

第17条（協議）本契約に定めのない事項又は本契約の条項の解釈に疑義が生じた事項については、甲乙協議の上、円満解決をはかるものとする。

以上、本契約成立の証として、本契約書を２通作成し、甲乙署名又は記名押印の上、各々１通を保有する。

　平成○○年○月○日

　　　　　　　　　　　　　　　　（甲）東京都○○区××○丁目○番○号
　　　　　　　　　　　　　　　　　　　株式会社○○○○
　　　　　　　　　　　　　　　　　　　代表取締役　○○○○　㊞
　　　　　　　　　　　　　　　　（乙）東京都○○区××○丁目○番○号
　　　　　　　　　　　　　　　　　　　　　　　　　○○○○　㊞

･･････ アドバイス ･･････

どんな契約なのか

　コンサルタント業務委託は、企業経営に関するさまざまな企画、改善アドバイスなどのコンサルティングを委託する際に結ばれるものです。コンサルタント業務委託は企業経営に関するさまざまな企画、改善アドバイスなどを行います。本書式例では社内のITシステム見直しやITを活用した経営戦略に関わるコンサルティングを実施する場合を例として作成しています。

　本書式例では、個人がコンサルティングを受託することを想定しているため、第４条第２項では源泉徴収について規定しています。したがって、法人が受託する場合には、源泉徴収に関する規定は必要ないということになります。また、コンサルタント契約では、相手の能力を信頼して業務委託するため、再委託の禁止規定が設けられています（第７条）。特に本書式のようなITシステムに関わるコンサルティングの場合、受託者がベンダーと交渉・調整することが多くなるため、場合によってはRFP（設計案・提案書）などを作成することがあります。そこで第２条第２項第四号のような業務内容の規定、第６条のような費用の例示を行うことも検討する必要があります。

Part 4

ホームページの作成をめぐる法律と書式

1 ホームページを作るときの注意点

さまざまな規制があるが、知的財産権の保護が重要である

● ホームページ作成と知的財産権

　知的財産権は、発明、アイデア、芸術表現など、形のないものに対する権利といえます。具体的には、特許権、実用新案権、育成者権、意匠権、著作権、商標権などがあります。

　これらは、産業の発展のために重視されているので、一般に強く保護され、侵害すると重い責任がかかってきます。

　ホームページ作成の場合にも、権利侵害しないように基礎知識をもち、疑問があれば弁護士など専門家に相談することも大切です。

● 著作権侵害に注意する

　人間の文化的な創作物を著作物と呼びますが、その著作物を売買したりコピーしたり、利用する権利が著作権です。著作物であれば、それを創作した人に著作権が発生し、複製を禁止したり、その権利を他人に貸与、売買することができます。

・許諾を得た場合や自由利用が認められる場合

　許諾を得た場合や、自由利用してもよいことが明記されている場合は、使用できますが、改変が認められているとは限りません。

　たとえば、写真の拡大縮小や、トリミング（一部を切り抜くなど）は、翻案にあたります。また、フレーム機能を使って、あたかも自分の作品のように表示させることも侵害の可能性があります。

・私的使用

　著作物であっても私的利用の範囲であれば許可などを得なくても利用することが認められます。私的使用とは、「個人的に家庭内で」という程度を意味するものですから、不特定多数の人に公開するホームページ

はこれにあたりません。社内は「私的」ではないので、ホームページの資料を社内会議でコピーして配布するのも、著作権の侵害になります。

また、この例外規定が認めているのは、使用する人自身が「複製」することだけです。ホームページに公開することは、複製以外に、送信可能化したことでもあるので、この点でも違法となります。

● リンクと著作権

リンクは、ホームページ上でよく利用される便利な技術で、指定した場所をクリックすると、他のホームページなどにジャンプして、ページを切り換える機能です。これは、使い方によっては、複製と同じような効果や役割を果たすことができるので、複製権侵害など、著作権法上、問題がないかという疑問が生まれます。しかし、原則として、リンク自体は、情報先を紹介し、さらには参照しやすくしているだけです。さらに、参照先のものを複製したり、公衆送信を行うものでもないので、これらの侵害にあたらないと考えられています。

ただし、リンクの機能の使い方によっては、著作権侵害やその他の問題も生じます。さらに、ホームページを公開している人の考え方とも照らし合わせて、いくつか問題となる場合があります。

■ リンクをめぐる問題点

①許諾なくリンクができるか？

②トップページ以外のページへのリンク（ディープリンク）ができるか？

③画像ファイルなどへの直接のリンク（直リンク）ができるか？

④ホームページへの埋め込みリンクができるか？

➡ リンク先の管理者の意思を尊重し、許諾を必要とする考え方と、技術的な面から許諾を不要とする考え方がある（④は許されない）。

① リンク禁止とある場合

　ホームページによっては、リンク禁止と明示しているものがあります。これは、リンクされたくないという公開者の考え方ですから、少なくともマナーとしてはそこにリンクするのは避けるべきでしょう。

　ただ、法的にどうかというと問題があります。「そもそも、不特定多数が自由に見られるインターネットという場に公開しているのだから、リンクされたくないという利益は保護に値しない」という考え方もあります。ただ、リンク禁止とあるにも関わらずリンクをしたことで、公開者に多大な苦痛を与えたり、経済的損失が発生すれば、場合によっては、不法行為として損害賠償を請求されることも考えられます。

② リンクによって埋め込む手法

　フレームという機能を使うと、自分のホームページの一部のように、他人のホームページを表示させることができます。

　この手法を使った場合、埋め込まれた他人のホームページをコピーしたわけではないので、やはり複製権や公衆送信権も侵害していません。しかし結論としては、著作権法上、問題がある手法と考えられます。

　それはまず、リンクした人のホームページに埋め込まれることで、本来の著作権者を誤解しやすくします。これは、著作権の1つである氏名表示権を侵害している可能性があります。さらに、自分のホームページに埋め込むことで、形や大きさが変わったり、全体のレイアウトがかわりますから、同一性保持権を侵害しているとも考えられるからです。

　また、フレーム以外の、CGIやJava Scriptなどを使ったホームページであっても、他人のホームページのレイアウトや素材を利用して、自分のページの一部のように見せることは、同じように考えるべきでしょう。

2 消費者目線で画面を作成する

消費者からの錯誤無効の主張を封じるわかりやすい申込画面を作る

● 契約の無効により代金返還を請求されることもある

　ホームページの作成にあたっては、電子契約法のルール（63～65ページ）や特定商取引法のルール（129ページ）もあわせて確認しておくことが大切です。

　一般の取引では、買主が購入数を言い間違えて、商品を沢山購入してしまった場合、民法の「錯誤」の規定で処理されます（121ページ）。

　そして、買主は契約の無効を主張できます。ただし、買主に大きな落ち度（重過失）がある場合には、契約の無効を主張できません。つまり、買主に重過失がある場合には、売主は、契約通り買主に商品の代金を請求できるわけです。

　ネットショップで商品を購入する場合には、民法の「錯誤」のルールが修正された上で、適用されます。修正される点は、消費者に重過失があった場合の処理の仕方です。具体的には、民法の処理とは異なり、消費者は、重過失があっても契約の無効を主張できます。

　しかし、消費者に重過失があった場合には、次のいずれかの条件をクリアすると、消費者は、契約の無効を主張できなくなります。

　1つ目は、申込画面上に、申込（取引）を行う意思があるかどうかを確認するしくみ（確認措置）があることです。2つ目は、消費者が、「確認措置は不要である」と意思表明していることです。

● 申込画面上で消費者が確認できるようにする

　次の条件をクリアする申込画面であれば、確認措置を講じていると考えられます。

　1つ目は、あるボタンをクリックすると申込の意思表示になると消費

者が一目で理解できるような画面になっていることです。

　2つ目は、申込ボタンを押す前に、申込内容が画面に表示され、内容を簡単に訂正できるしくみになっていることです。

● 確認措置の提供が不要な画面を作成する場合

　消費者が「確認措置が不要である」旨の意思表明を行う画面を作成する際に注意することは、「消費者が自分から望んで確認措置が必要ないと事業者に伝えた」といえるような画面を作成することです。

　たとえば、チェックボックスにチェックを入れると、確認措置が不要である旨の意思表明になるとわかりやすく表示する必要があります。

　ちなみに、事業者から意思の表明を強制された場合は、「自分から望んだ」とは言えません。したがって、次の2つのケースは、事業者による強制があるといえるため、不適切なしくみであると考えられます。

　1つ目は、確認措置を設けていない事業者が、一方的に「確認措置を不要とする意思表明を行ったとみなす」と主張する場合です。2つ目は、「確認措置が不要であることに同意します」というボタンを押さないと、商品を購入できないしくみになっている場合です。

■ 申込画面と確認画面

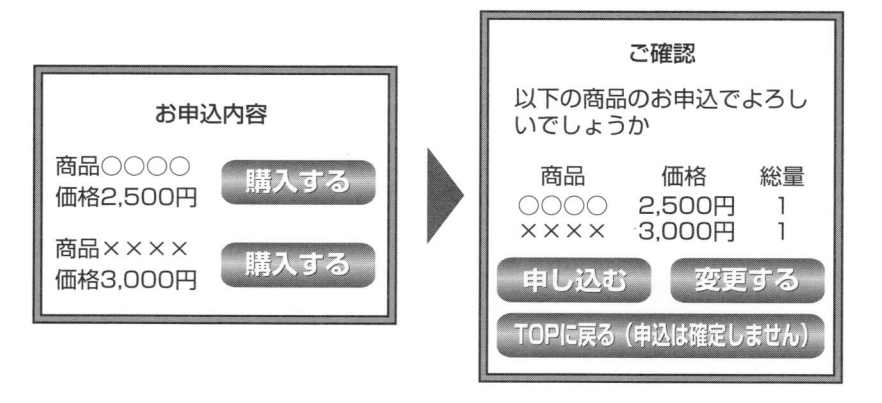

書式1　Webサイト制作・保守業務委託契約書

収入印紙
（課税額は記載金額により異なる）

Webサイト制作・保守業務委託契約書

　株式会社○○○○（以下「甲」という）と、株式会社○○○○（以下「乙」という）は、Webサイト制作（以下「本件制作」という）及び保守業務の委託に関し、以下の通り契約（以下「本契約」という）を締結する。

第1条（定義） 本契約上で使用される用語の定義は次の通りとする。
一　「サーバ」とは、ネットワーク上において、コンピュータからの要求を受け、一括処理をしてファイルやデータ等を提供するコンピュータをいう。
二　「ドメイン」とは、インターネット上において個々のコンピュータを識別する符号をいう。
三　「Webサイト」とは、甲の指定するドメイン下に作成され、Webページとしてインターネット上に表示可能にした一連の文字及び画像データの集合をいう。
四　「仕様書」とは、甲の要求を実現するべく、Webサイトを制作する上で必要となる機能、制限事項、技術的実現方法及び運用上の制約事項などの事項が記述された書類をいい、本契約に基づき、乙によって作成されるものをいう。
五　「プログラム」とは、コンピュータが行うべき処理手順を指示する命令を記述したものをいう。
六　「コーディング」とは、文字、画像及び動画等のデータを特定のプログラムに置き換えることをいう。
七　「ブラウザ」とは、Webサイトを閲覧するため、データや情報をまとまった形で表示するソフトウェアをいう。
八　「アップロード」とは、ネットワークを通じてデータ及びファイルをサーバに送信することをいう。
九　「アーキテクチャ」とは、ネットワーク、ソフト及びWebサイトなどの基本設計をいう。

十 「SSLサーバ証明書」とは、Webサイト上において個人情報などを暗号化し、安全に送受信する機能及びWebサイト管理者の身元を確認できる機能をいう。

十一 「リンク」とは、Webサイト及びインターネット上におけるページ同士を繋ぐものをいう。

十二 「リンク切れ」とは、Webサイト上のリンク部分をクリックしても、リンク先のWebサイトが閲覧できない状態をいう。

十三 「電子メール」とは、ネットワークを通じて行うメッセージ通信をいい、承諾その他の意思の通知は到達した時点で有効な意思表示がなされたものとみなす。

十四 「アクセス」とは、ネットワークを使ってデータの読み出しや書き込みを行うことをいう。

十五 「バージョンアップ」とは、機能の向上や不具合の修正など、改良を行うことをいう。

第2条（目的及び委託の内容）甲は次の各号に掲げる業務（以下「本件業務」という）を乙に委託し、乙はこれを受託する。

一 本件制作業務（請負契約）

乙が甲に対し、Webサイト設計、デザイン及びコーディングの実施を行うなど、別紙に定めた本件制作業務。

二 保守業務（準委任契約）

乙が甲に対し、継続的な運用指導、前号により制作されたWebサイトに関する別紙に定めた保守業務。

三 前各号に定める業務の他、乙が必要と判断し、甲が承認を行った業務。

2 本件制作業務におけるWebサイト仕様等の具体的内容は、乙が甲よりヒアリングした事柄に基づき、分析及び要件定義し、これを甲が承認し確定した内容とする。

3 保守業務の受付及び作業は、次に掲げる時間帯に行うものとする。また、土曜日、日曜日、国民の祝祭日、年末年始及び乙が別途定める日も休日とする。

受付　月曜日から金曜日　　午前9時から午後5時まで。

作業　月曜日から金曜日　　午前9時から午後5時まで。
4　前項の時間帯外又は休日に、甲から作業の要請があった場合は、これを翌営業日以降の予約とみなすこととする。
第3条（甲の協力義務）甲は、本件業務の実施にあたっては、次の事項に留意し乙に協力するものとする。
　一　甲の本件業務に関する窓口及び協力者となる担当責任者1名の決定
　二　本件業務遂行上必要な情報、社内資料の提供、各書類の記載及び手配
　三　乙が甲の共同作業者を必要とする場合は、その提供及び手配についての協力
　四　その他、本件業務遂行上必要な場所、機器、ソフトウェア及び素材等の提供又は貸与
　五　配送業者、決済代行会社等の手配及びこれらに関する速やかな契約締結
第4条（成果物の引渡し）乙は、本件制作業務によって完成される成果物（以下「本件成果物」という）を別紙に定めた期限までにアップロードし、動作確認、リンク切れ及び表示チェックなどを行った上、稼働可能な状態にするものとする。ただし、次の各号のいずれか一つに該当する場合、乙は甲に対し本件制作業務のすべて又は一部について、完了期限の延長を求めることができる。
　一　第3条に定める作業の遅延又は誤り等によって、本件制作業務の進捗に支障が生じたとき
　二　本件制作内容に変更があったとき
　三　天災その他の不可抗力により、期限までに完了できないとき
2　乙が、本件制作業務の仕様、設計等の変更、その他の事由によって期限までに本件成果物を甲に納入できない場合、甲乙協議の上、新たに書面又は電子メールによって定めた期限に変更することができる。
第5条（契約期間）本契約による検収完了日の翌日より保守業務の委任契約を開始する。保守業務の委任期間は、保守業務開始日より1年間とする。
2　前項に定めた期間満了の3か月前までに、契約を更新しない旨の意思表示を書面によって当事者のいずれからもなされないとき、本契約は同一条件でさらに1年間自動的に延長されるものとし、以後も同様とする。

第6条（委託料） 甲が、乙に対して支払う本件制作委託料額は別紙に定め、委託料支払時期は次の各号に定める通りとする。
　一　着手金は委託料額の50％とし、本契約締結日から７日以内に乙の指定する金融機関口座に甲の手数料負担のもと、振り込む。
　二　委託料残額は、検収が完了した日の属する月から翌々月の末日迄に乙の指定する金融機関に甲の手数料負担のもと、振り込む。
２　甲が、乙に対して支払う保守業務委託料は別紙に定める。
３　前項の委託料は、乙が当月分の報酬を翌月25日までに甲に請求し、甲は、請求対象月の翌月末日までに、乙の指定する金融機関口座に甲の手数料負担のもと、振り込むものとする。
４　本件制作の仕様、設計等の変更がなされた場合又は甲が乙に、別紙に定めていない追加業務の遂行を要求した場合、乙は事前に書面又は電子メールにより別紙記載の委託料額の変更又は追加料金を通知し、甲が承諾すればこれを請求することができる。ただし、甲が承諾しなかった場合、乙は本件制作の仕様、設計等の変更又は追加業務の遂行の義務を一切負わない。

第7条（費用の取扱い） 乙は、甲に対し本件業務を遂行するために要する費用（サイト運用費、登録料、広告料、乙の交通費、出張費及び宿泊費を含む）を、乙が事前に書面又は電子メールによって甲に通知し、甲が承諾したものに限り、別途請求することができる。
２　甲は、前項に関わらずサーバ費並びにドメイン取得、維持費及びSSLサーバ証明費を費用とすることについて承諾する。

第8条（再委託） 乙は、本件制作をするために各業務について適切と判断した第三者（以下「再委託先」という）に、乙の責任において再委託をすることができる。

第9条（資料の保管・管理） 乙は、本契約期間中に限り、本件業務に必要なID及びパスワードを保有し、サーバ及びアクセス解析画面等にアクセスすることができる。
２　乙は、本件業務に関して甲より提供された一切の資料及び情報並びに貸与された機器を、善良なる管理者の注意義務をもって保管及び管理し、甲の事前の書面又は電子メールによる承諾を得ないで複製又は再委託先以外の第三

者へ交付し、その他本件業務以外の目的に使用してはならない。
3 　乙は、提供された資料及び情報並びに機器等が不要となった場合、又は本契約が解除された場合、若しくは甲からの要請があった場合、提供された資料及び情報並びに機器等を速やかに処分（貸与された機器等については甲に返却）するものとする。

第10条（秘密保持）　甲及び乙は、本契約の履行に関連して知り得た相手方に関するすべての秘密情報を、相手方の書面又は電子メールによる承諾なくして第三者に開示又は漏えいしてはならない。ただし、法令の定めに基づいて、官公署等から開示の要求があった場合は、開示することができる。
2 　前項の秘密情報には、次の各号に掲げる情報を含まない。
　一　秘密保持義務を負うことなくすでに保有している情報
　二　秘密保持義務を負うことなく第三者から正当に入手した情報
　三　相手方から提供を受けた情報によらず、独自で保有していた情報
　四　事前に公知となっている情報
3 　本件制作にあたって乙が再委託をする場合、乙は本条の秘密保持義務を再委託先に対しても遵守させなければならない。
4 　本条の規定は、本契約終了後又は期間満了後も有効に存続する。

第11条（検収）　甲は、乙から本件成果物の履行を受けた後、別紙に記載する検収期間内に、甲の責任と費用において、本件成果物が確定した仕様の水準に達しているか、また取引の通念に照らし合理的に期待される通常有すべき機能及び品質を有しているかを判定し、署名捺印した書面にて通知する。
2 　乙は、前項に基づき甲から検収不合格の通知を受けたときは、本件成果物につき必要な修正を行い、甲乙で別途協議して定める期限までに再度納入するものとする。
3 　第1項に基づき甲が乙に対し検収合格の通知をし、その通知が乙に到達した時、又は甲が乙から本件成果物の履行を受けた後、別紙に記載する検収期間内に本条第1項の通知を発さず、期間満了した時、本件成果物の検収が完了されたものとみなす。

第12条（瑕疵担保責任）　検収完了後、本件成果物に関して、仕様書との不一致（以下「瑕疵」という）が発見された場合、乙は瑕疵の修補を行う。

2　前項の瑕疵担保責任は、検収完了後３か月以内に、乙から請求された場合に限るものとする。

3　第１項の瑕疵担保責任は、第３条に定める甲の協力義務違反を起因として生じた場合、適用しない。ただし、乙が甲の協力義務違反について不適当であることを知りながら告げなかったときはこの限りでない。

4　乙は本条に定める瑕疵修補の他、本契約による保守業務の継続する限りにおいて修補を行う。

第13条（資料等の返還）乙は、第11条の検収後、遅滞なく甲から提供された本件成果物に関する一切の資料を甲に返還するものとする。ただし、引き続き保守業務に必要な資料は、この限りではない。

第14条（知的財産権等）乙は、本件成果物が、知的財産権の侵害、その他の第三者の権利侵害、あるいはこれに類するその他の不正物でないことを保証する。

2　甲及び乙が、本件成果物を運用するにあたって、意図せずして前項に該当する事柄を察知したときは、速やかに相手方に報告すると共に、該当物の利用停止を指示しなければならない。

3　乙が本契約により甲に納入する本件成果物の著作権（著作権法27条及び28条に定める権利を含む）は、第６条の委託料が支払われた日をもって、乙から甲へ移転する。

4　前項の規定には乙及び再委託先が本件制作前より有していた素材、画像、動画、Webサイト設計、プログラム等に関しては含まれない。ただし、乙に帰属しないこれらの著作権について、乙及び再委託先は甲に対し本件成果物を運用上必要な範囲で利用することを許諾し、甲は許諾された範囲で無償の利用権を有する。

5　乙は、甲に帰属しない著作権について、乙に対して自ら及び、再委託先が著作者人格権を一切行使しないことを保証する。

第15条（譲渡禁止）甲及び乙は、事前に相手方の書面による同意を得た場合を除き、本契約に基づいて発生する一切の権利を第三者に譲渡し、又は担保に供してはならない。

第16条（賠償責任）甲及び乙は、本契約に基づく債務を履行しないことが原

因で、相手方に現実に損害を与えた場合には、本契約の解除の有無に関わらず、運営業務に対する委託料額の12か月分を限度として損害賠償責任を負う。本項には相手方の責に帰すことができない事由による一方的な契約解除を含む。

第17条（免責） 乙は、次の各号につき、一切の責任を負わないものとすることに甲は合意する。
一　乙の予見を問わず、乙の責に帰すことができない事由により生じた損害、間接的、二次的、付随的、懲罰的な損害賠償責任及び利益や売上の損失に対しての責任
二　本件成果物の公開による、第三者から訴えの提起、閲覧者からのクレーム
三　サーバメンテナンス、その他の乙による管理が及ばない理由によるWebサイトの不具合
四　本件成果物による売上、問い合わせ、アクセス数及び検索エンジン上位表示

第18条（不可抗力） 甲及び乙は、天災地変、戦争、内乱、暴動、ストライキ、労働争議、社会的大変動、法令の改廃及びその他の本契約に重大な影響を与えると認められる事由など、双方いずれの責にも帰し得ない不可抗力によることが明らかであるときは、本契約の不履行とはせず、その責を負わないものとする。

第19条（契約の解除及び期限の利益の喪失） 甲及び乙は、相手方が次の各号に該当した場合には、予告なく本契約の全部又は一部を解除することができる。
一　当事者一方が相手方に対する料金支払債務、その他一切の債務につき支払義務を怠ったとき
二　差押、仮差押、仮処分、公売処分、租税滞納処分及びその他公権力の処分を受け、又は民事再生手続きの開始若しくは会社更生手続きの開始、破産若しくは競売を申し立てられ、あるいは自ら民事再生手続きの開始若しくは会社更生手続きの開始又は破産申立てを行ったとき
三　監督官庁により営業停止、営業免許又は営業登録の取消の処分を受けたとき
四　資本を減少し、若しくは営業の廃止、変更又は解散の決議をしたとき

五　自ら振り出し、若しくは引き受けた手形又は小切手につき不渡りとなったとき、若しくは不渡り処分を受ける等支払停止状態に至ったとき
　六　本契約の条項に違反し、一方が相当な期間を定めて催告したにも関わらず、なおその期間内に是正しないとき
　七　その他、財産状況が悪化し、又はその恐れがあると認められる相当の事由があるとき
　八　刑法上の犯罪行為、民事上の犯罪行為、その他法令・公序良俗に反する行為が認められたとき
　九　当事者一方が信用を著しく毀損する行為又は背信的と認められる行為を行ったとき
2　前項各号の場合に該当した者は、相手方に対し負っている債務について期限の利益を失い、直ちに債務の全額を一括して弁済しなければならない。
第20条（準拠法、合意管轄）　本契約の準拠法については日本法が適用されるものとする。
2　甲及び乙は、本契約に関して万一紛争が生じた場合は、○○裁判所を第一審の専属的合意管轄裁判所とすることに合意する。
第21条（協議）　本契約に定めのない事項又は本契約の条項の解釈に疑義が生じた事項については、甲乙協議の上、円満解決をはかるものとする。

　以上、本契約成立の証として、本契約書を2通作成し、甲乙署名又は記名押印の上、各々1通を保有する。

　平成○○年○月○日

　　　　　　　　　　　　　　（甲）○○県○○市○○町○丁目○番○号
　　　　　　　　　　　　　　　　　株式会社○○○○
　　　　　　　　　　　　　　　　　代表取締役　　　○○○○　㊞
　　　　　　　　　　　　　　（乙）○○県○○市○○町○丁目○番○号
　　　　　　　　　　　　　　　　　株式会社○○○○
　　　　　　　　　　　　　　　　　代表取締役　　　○○○○　㊞

（別紙）

■**本件業務の詳細**

制作業務委託料	￥2,000,000-（消費税を含まない）
運営業務委託料	月額　￥50,000-（消費税を含まない）
追加機能制作費	甲乙、協議の上決定
制作業務委託金支払期日	着手金：委託料額の50％を、本契約締結日から7日以内。 委託料残額：検収が完了した日の属する月から翌々月の末日迄。
運営業務委託金支払期日	25日締、翌月末払

■**本件制作業務、委託事項の詳細**

1	甲の要求定義、仕様確定及び仕様書の作成。
2	Webサイトのデザイン。
3	Webページの作成、コーディング。
4	Webサイトのアップロード。
5	初期動作確認及びリンク切れチェック。
6	契約条件で定めたブラウザ上による表示チェック。
7	運営操作マニュアル作成。

■**保守業務、委託事項の詳細**

1	Webサイト不具合等の修補
2	Webサイトのバージョンアップ（大幅な追加プログラムの発生しない範囲）
3	管理画面、不具合等の修補
4	管理画面のバージョンアップ（大幅な追加プログラムの発生しない範囲）
5	簡易なデザインの変更
6	インターネットの基盤技術やアーキテクチャの進歩を前提とし、Webサイトが取引の通念に照らし合理的に期待される通常有すべき機能・品質を維持できる修正及びバージョンアップ
7	Webサイト運用の指導
8	その他、問い合わせ対応

■本件制作業務、契約条件

成果物	仕様書に基づき、次に定めるブラウザで正常に閲覧可能なWebサイトとする。	
	Internet Explorer8 〜 11	※32bit版のみ保証。 ※10,11についてWin8はデスクトップ版のみ保証。 ※互換表示は前提としない
	Mozilla Firefox25.0 〜 29.0	※ESR版は保証外。
	Google Chrome31.0 〜 35.0	
	Safari6.0 〜 7.0	
	※原則、W3C（http://www.w3.org）準拠とする。 ※いずれもブラウザはすべて日本語版とし、最新のセキュリティプログラムがインストールされた状態を前提とすること。	
甲が指定するドメイン	http://www.○○○.co.jp/	
サーバ環境	OS：Debian GNU/Linux　　CPU：Pentium4-2.4GHz メモリ：1GB ウェブサーバ：apache 1.3.26　　メールサーバ：qmail FTPサーバ：vsftpd　　ディスク容量：35G CGI：利用可能 perl：5.6.1 PHP：4.3.3 SSI：利用可能 .htaccess：利用可能 FTPS（FTP over SSL）：利用可能 MySQL：3.23	
初回アップロード期限	平成○○年○月○日	
検収期間	上記アップロード日の翌日から起算して30日以内	

■乙指定の金融機関口座

　　○○○○銀行　　　○○○○支店
　　普通預金口座　　　番号○○○○
　　口　座　名　義　　カブシキガイシャ○○○○○○○○

アドバイス

1 どんな契約なのか

本書式は、さまざまなWebサイトに関する制作業務や保守業務で利用できるように作成しています。

Webサイトの委託契約では、第2条の目的にあるように、どの業務が請負契約、どの業務が委任契約なのかを明示します。請負契約は完成物を引き渡した時点ではじめて対価を得られる契約です。これに対して委任契約は業務を実施する行為自体に対価が発生します。なお、書式中に準委任契約と書かれているのは、法的行為を伴わない行為を委託されているからです。これらの違いは第6条、委託料の内容にも現れていますので注意してください。

また、本書式例は、印紙税法の第2号文書（請負に関する契約書）に該当します。制作業務委託料が200万であれば、2,000円分の収入印紙を貼付します。

2 Webサイト制作・保守業務委託固有の問題

Webサイト制作に関わる特徴的な規定は以下の通りです。なお、Webサイト制作に限りませんが、ITやネットに関する契約書は用語の解釈違いの問題が生じないように、定義条項を詳細に記載します。

① 成果物（完成物）の考え方

Webサイトは無形の成果物となりますので、建設工事の請負といった従来の契約とは違った問題が生じます。そこで、第4条のように成果物の引渡しとは、どのような状態をいうのかを明示します。さらに、制作業務の前提となる「仕様書（第1条第四号）」を予め作成しておき、何をもって完成として取り扱うかを決めておく必要があります。これは当事者が完成をイメージするための背景図といえます。一般的には、第11条第1項にあるように納入されたものと仕様書を比較し「合理的に期待される通常有すべき機能及び品質を有しているか」適合性を判断します。

② 仕様書の内容

ITに関する契約書は「仕様書が命」といっても過言ではありません。仕様書の内容については実務上も焦点となりやすい事柄です。前述したようにWebサイトにおける仕様書は「完成をイメージするための設計図」であることが大前提です。このことから仕様書には「サイトの制作趣旨」「閲覧者のターゲッ

ト層」「サイト構成図（リレーションを含む）」「デザインの仕様」「使用プログラムの詳細」「ファイル名・データベースの命名規則」「テキストなどの表記規則」などは最低限盛り込む必要があります。通常はこれらに加えて使用するドメインや対応環境（ブラウザやサーバ環境など）も明示しますが、本書式例ではあえて契約条件として別紙に記載していますので参考にしてみてください。

③　当事者の責任

　請負契約であっても、委任契約であっても、受注者だけに責任を定めるのではなく、発注者側にも責任を定めることが大切です（第3条）。たとえば、成果物の納入が遅れた場合、それが全面的に受注者の問題ではなく、発注者側の問題である場合が多々あります。そこで、委託内容の遂行にあたって必要になる事項を詳細に規定し、これに対する発注者の義務が果たされていない場合に、受注者の責任が免除（又は軽減）されるような規定にすることがあります（第4条第1項第一号、第12条第3項）。逆に、発注者側に有利な規定としては瑕疵担保責任の規定があります（第12条）。瑕疵担保責任というのは簡単にいうと完成物を引き渡した後に、不具合が発生した場合、いつまで修捕する義務があるかという責任です。民法では引渡した時から1年間、商法では引渡した時から6か月となっていますが、これは契約で定めれば、長くも、短くもできます（書式例は受注者に有利な規定です）。

④　知的財産権の取扱い

　特に無形の成果物は知的財産の権利関係が問題になります。Webサイトの場合、特に重要なのは著作権ですが、導入するプログラムの内容によっては技術やアイデアを保護する特許権が問題になるかもしれません。また、営業秘密や、ブランドなどの問題も考えられます。書式例では、第14条の規定で知的財産を総括的に記載しています。基本的なWebサイトの権利（著作権）は第3項のようにすべて発注者に移転する「買い取り形式」を採用しています。この場合「著作権法27条及び28条に定める権利を含む」と記載し、翻案権や二次的著作物の利用権なども移転するよう明示する必要があります（著作権法61条）。

3 ソフトウェアの利用と違法コピーについての注意点

ソフトウェアは法律や契約に従って利用しなければならない

● 使用許諾契約の種類と内容

　ネットショップの運営やホームページの作成の際にはソフトウェアを使用することも多くあるでしょう。ソフトウェアを購入する多くの場合は、正確に言うと、ソフトウェアそのものを買っているのではなく、「使用する権利を購入している」というしくみになっています。つまり、ソフトウェアの購入者は、著作権法と、著作権者との契約にしたがってソフトウェアを使用することが重要です。

　ソフトウェアの使用権を購入するということは、その著作権者との契約になり、一般に、使用許諾契約と呼ばれています。この契約は次のような形で締結されます。

① クリックオン契約

　ソフトウェアを購入したりダウンロードして、使用するパソコンで使えるようにセットします（インストール）。このときに、画面上で契約内容に同意するかどうかを尋ねられ、「同意する」を選択することで契約が締結されます。

② シュリンクラップ契約

　パッケージに使用許諾契約の内容が印刷され、封を開けなくともそれが見える状態になっているものがあります。この場合、購入者が封を開けた時に契約が成立したとされます。

　日本では、特に定めがないので、どちらの方法でも契約が成立するとされています。ただ、「このソフトウェアに不具合が見つかっても一切責任を負わない」など、あまりにもソフトウェアを販売する企業側が一方的に有利で、購入者に不利益を強制するような条項は、無効になると考えられています。

● ソフトウェアのコピーについて

　著作権法によって、使用許諾を得ただけの人は、原則としてソフトウェアのコピーをすることはできません。仮にこれに違反すると、著作権の侵害となり、損害賠償の請求を受ける可能性があるだけでなく、多額な罰金や懲役刑を科せられることもあります。

　ただ、使用許諾契約書でコピーしてもよい場合や利用するのに必要な範囲のコピー、数量などが指定されていれば、その範囲でコピーすることは認められます。

　また、私的使用であれば、承諾がなくても使用できますが、その範囲は限定されています。企業内の複製は私的使用ではないとする裁判例がありますので注意が必要です。

　なお、違法コピーされたものを「違法コピーされたもの」と知って購入した場合、購入自体も、使うことも、さらにそれを頒布することもすべて著作権を侵害することになります。

● ソフトウェアのバックアップについて

　ソフトウェアそのものは、フロッピーディスク、CD－ROMなどの媒体（メディア）で提供されます。パソコンの故障などで再度インストールするときには、これらの媒体が必要になりますが、これらが破損して使えなくなることも考えられます。

　このような事態に備えて行うバックアップも、著作権法上は、複製にあたりますが、バックアップは通常「必要と認められる限度」内であり、著作権者に無断で複製することは認められると考えられます。ただ、使用許諾契約内で、「破損した場合には著作権者から再度提供するので、バックアップを禁止する」としているものも見られますからバックアップについても使用許諾契約書で確認するようにしましょう。

4 不当表示は法律で禁止されている

景表法は、不当な表示を禁止している

● 不当な表示とは

　不当景品類及び不当表示防止法（景表法）は、不当な表示を禁止しています。不当表示を行った違反業者に対して、消費者庁は、再発防止策の実施、今後同様の行為を行わないことなどを命じる措置命令、警告などを行います。措置命令や警告などを受ければ、顧客からの信用を失い、事業に悪影響が出るのは必至です。

　景表法が禁止する不当な表示は3つあります。1つ目は、優良誤認表示です。商品・サービスの品質や内容を、現実よりも著しく優れているとウソの宣伝をすることをいいます。競合他社の商品・サービスと比較して、根拠もなく「優れている」とウソをつく場合も含みます。2つ目は、有利誤認表示です。商品やサービスの取引条件に関して、現実よりも著しく有利であるとウソの宣伝をすることをいいます。競合他社の取引条件と比較して、有利であると偽る場合も含みます。3つ目は、内閣総理大臣が指定する表示です。

● 優良誤認表示にあたる例とは

　景表法の優良誤認表示の例としては、まず明らかに事実とは異なる表示が挙げられます。たとえば、認可がないにも関わらず「厚生省認可」と表示する場合です。また、古いタイプのコンピュータウイルスにしか対応できないにも関わらず「最新のウイルスにも対応」と表示する場合もそうです。

　また、十分な根拠もなく、商品・サービスの効能・効果を強調する表示も優良誤認表示になります。たとえば、ダイエット食品について、あたかも学術的な裏付けがあるように宣伝する場合です。

● どうすれば優良誤認表示を行わないですむのか

　意図して行った場合だけではなく、不注意でウソの表示をしてしまった場合も、優良誤認表示を行ったことになるので注意しましょう。

　優良誤認表示を防止するためには、次の３つの点に気をつける必要があります。

① **商品説明、宣伝の記載について**

　商品やサービスの内容は、客観的事実に基づいて、正確かつわかりやすく記載します。また、商品やサービスの効能・効果を宣伝する場合には、根拠となる実験データなどを明示します。さらに実験データや利用者の体験談などを記載する場合には、どのような条件下での実験、体験なのかを明示します。

② **ハイパーリンク先に重要事項を表示する際の注意点**

　ネットショップは、商品選択を行う上で重要な情報を、リンク先の画面に表示する場合があります。しかし、リンク先に重要な情報があることが不明確だと、消費者は重要事項を見落としたまま取引する可能性があります。そうなると、結果的に優良誤認表示を行ったことになってしまうおそれがあります。したがって、リンク先に、重要事項を表示する場合は、リンク先に何が表示されているか具体的に記載します。消費者が見落とさないように、目につくような色、大きさの文字で表示し、リンクは関連情報の近くに配置するようにします。

③ **情報の更新について**

　情報の更新日が書かれていないと、ホームページの商品説明・広告が、いつの時点のものであるかわからなくなります。もし消費者が古い情報を新しいものと誤解して取引をすれば、結果として優良誤認表示になるおそれがあります。

　したがって、情報を更新する際には、最新の更新日時と変更箇所を正確かつわかりやすく表示します。また、時間の経過によって、書いた内容が事実と異なってしまった場合には、すぐに内容を修正します。

5 景品を提供する場合の法律について知っておこう

取引に関連して提供される景品の額には上限がある

● 景品とは

　ネットショップが売上拡大のため顧客にプレゼントを提供する場合には、不当景品類及び不当表示防止法（景表法）が問題になります。

　景表法は、事業者が提供できる景品類の最高額や総額を定めています。景品類とは、顧客の取り込みを目的に、事業者が取引に付随して顧客に提供する物品、金銭その他の経済的な利益のことです。

　ただし、値引きやアフターサービスと認められる範囲の利益の提供は、景品類には含まれません。

　景表法は、共同懸賞（一定の地域や１つの商店街の複数の事業者などが共同して行う懸賞で一定の条件をクリアするもの）、一般懸賞（共同懸賞以外の「懸賞」）、総付景品（懸賞によらずに顧客に提供される景品類のこと）、の３種類の景品提供方法について、個別に景品類の上限額を定めています。

　景品類については、景品類１つあたりの価額（景品類の価額）と、景品類の合計額（総額）について上限額が決められています。具体的には、景品類の価額は、取引の価額の何％又は一律何円と上限が設定されています。取引の価額の算定方法は、購入額に応じて景品類を提供するか否かによって異なります。購入額に応じて景品類を提供する場合は、その購入額を取引の価額とします。たとえば、商品A（4,000円）を購入した人に景品類を提供する場合は、取引の価額は4,000円になります。

　購入額を問わず購入者全員に景品類を提供する場合は、対象となる商品の通常取引の最低額が100円を超えるか否かによって、処理が変わります。最低額が100円を超える場合は、100円又は最低額のどちらかを取引の価額とすることができます。最低額が100円以下の場合は、最低額

を取引の価額とします。

一方、景品類の総額（合計額）は、売上予定総額の何％以内という形で上限が決められています。

● 無料会員登録を行った会員への金品提供はどうなる

商品やサービスの購入や来店を条件とせず、申し込むと抽選で金品などが提供される企画をオープン懸賞と呼びます。オープン懸賞は、取引に付随して金品が提供されるわけではないので、景表法は適用されません。したがって、提供できる金品の額に上限はありません。

ネットショップが無料の会員登録を行った消費者を対象に抽選で金品を提供する企画はオープン懸賞に該当するため、景品規制の対象外です。会員登録さえすれば抽選に応募でき、商品・サービスの購入が応募の条件になっていないからです。

ただし、会員登録に加えて、商品・サービスの購入が応募の条件になっている場合には、景表法の適用があります。金品が商品・サービスの取引に付随して提供される形になっているからです。また、商品やサービスを購入すると、応募に必要なクイズのヒントや解答がわかるしくみになっている場合も景品規制の対象となります。

■ **景品類の定義**

景品類
- ① 物品及び土地、建物その他の工作物
- ② 金銭、金券、預金証書、当選金付き証票及び公社債、株券、商品券その他の有価証券
- ③ きょう応（映画、演劇、スポーツ、旅行その他の催物等への招待又は優待を含む）
- ④ 便益、労務その他の役務

書式2 ホームページ素材使用許諾契約書

CD-ROM売買に伴うホームページ素材使用許諾契約書

　○○株式会社（以下「甲」という）及び××株式会社（以下「乙」という）は、甲が著作権を保有する著作物を固定（収録）した媒体（以下「本CD-ROM」という）を売買することに関する契約（以下「本契約」という）を以下の通り締結する。

第1条（目的） 甲及び乙は、本契約の目的は、甲が乙に対し、本CD-ROMを販売するものであり、本CD-ROMに固定された著作物（以下「本素材」という）の著作権を譲渡するものではないことを、相互に確認する。

第2条（使用許諾） 甲は乙に対し、本素材を、本契約に定める条件で使用することを許諾する。

第3条（本素材の内容） 本素材は、画像（以下「本件画像」という）、写真（以下「本件写真」という）、及びイラストレーション（以下「本件イラスト」という）からなる。

第4条（本件画像） 本件画像（gif形式、png形式）は、次の各号に定めるものをいう。

一　ボタン画像　30点
二　メニュー画像　50点
三　バナー用画像　30点
四　見出し用画像　50点
五　背景画像　30点
六　カウンター用画像　20点

第5条（本件写真） 本件写真（jpg形式）は、次の各号に定めるものをいう。

一　風景（空、海、森、高原、湖、山、草原等）　100点
二　国・地域（海外のスポット、国内のスポット、国旗等）　100点
三　季節（春の花見等、夏のビーチ等、秋の紅葉等、冬の雪景色等、クリスマス、正月等）　50点
四　植物（花、草花、葉、樹木等）　50点

Part 4　ホームページの作成をめぐる法律と書式

五　動物（犬、猫、鳥、野獣等）50点
　六　人物（ファミリー、子ども、外国人、人々等）100点
　七　建物（ビル、洋館、日本建築、古民家等）50点

第６条（本件イラスト） 本件イラスト（gif形式、jpg形式、png形式）は、次の各号に定めるものをいう。
　一　インフォメーション・イラスト（漫画、カット）　200点
　二　テクニカル・イラスト（コンピュータグラフィックス、手描き）　100点
　三　３Ｄイラスト（コンピュータグラフィックス、手描き）　50点
　四　水彩画　30点
　五　鉛筆画　30点
　六　その他（切り紙、貼り絵、影絵等）　50点

第７条（著作権等） 本素材の著作権（著作権法27条及び28条に規定する権利を含む）は、甲に帰属するものとする。

２　本契約は、甲が乙に対し、本素材に関連する著作権その他一切の権利を譲渡するものではなく、第三者に使用を許諾する権限を付与するものではない。

第８条（本素材の利用） 乙は、本素材を非排他的・非独占的に利用することができる。

２　乙は、本素材を、本契約第９条に定める禁止行為に該当しない範囲において、自らのホームページ（ブログ、メールマガジン、ＳＮＳ等を含む）、広告宣伝用印刷物、商品パッケージ等にデザインの一部として利用できる。

第９条（禁止行為） 乙は、次の各号に定める行為を行ってはならない。
　一　本素材を、そのまま、若しくは複製・加工を行い、独立した商品・サービスとして販売したり、営利・非営利を問わず公衆送信等を利用して提供すること
　二　本素材を、第三者が使用若しくはダウンロードできる方法・状態で利用すること
　三　本素材を、公序良俗に反する方法で使用し、又は公序良俗に反する活動・業務のために利用すること
　四　本素材を、商標・意匠・特許等の産業財産権をはじめとする知的財産権として登録・出願・登記等すること

五　本件写真の被写体（人物、風景、建造物等を含むすべて）の信用・品位・名誉を毀損する方法・状態で利用すること

第10条（支払と納品）乙は甲に対し、本CD-ROMの代金として、金○○円也（消費税別途）を、○年○月○日までに甲の指定する口座に振り込み、支払う。なお、振込に要する手数料は乙の負担とする。

2　甲は、前項の乙による支払完了を確認後10日以内に、本CD-ROMを乙に納品するものとする。なお、配送に要する費用は前項に定める本CD-ROMの代金に含まれるものとする。

第11条（保証）甲は乙に対し、本素材が、第三者の著作権その他知的財産権を含むすべての権利を侵害しないことを保証する。

第12条（免責）甲は乙に対し、本素材を使用したことにより、乙又は第三者に発生した事故・障害その他損害に関し、一切その責任を負わない。

2　甲は乙に対し、乙が本素材を使用したことにより第三者との間で発生した紛争に関し、一切その責任を負わない。

3　甲は乙に対し、本素材の正確性・真実性・正当性に関し、一切その責任を負わない。

4　甲は乙に対し、本CD-ROMの物理的な欠陥・不具合については、良品との交換をもって応じる他、一切その責任を負わない。

第13条（有効期間）本契約の有効期間は、本契約締結の日から本素材の著作権存続期間満了の日までとする。

第14条（契約解除）甲又は乙は、相手方が次の各号に該当した場合は、何らの催告を要せず、直ちに本契約を解除することができる。

　一　本契約の条項に違反したとき
　二　本契約に違反すると思われる場合に、相当の期間を定めて是正を勧告したにも関わらず、当該期間内に是正を行わないとき
　三　営業停止など、行政処分を受けたとき
　四　税の納付に関し、滞納処分を受けたとき
　五　差押、仮差押、仮処分等を受けたとき
　六　手形又は小切手につき不渡り処分を受けたとき
　七　破産、民事再生又は会社更生の申立を行ったとき、又はこれらの申立が

第三者からなされたとき
　　八　会社の組織について、解散、合併、会社分割、又は事業の全部又は重要な一部の譲渡を決議したとき
2　前項に基づいて本契約が解除されたときは、帰責事由の存する当事者は、相手方に対する一切の債務について、当然に期限の利益を失い、直ちに相手方に弁済しなければならない。
3　本条第1項に基づいて本契約が解除されたときは、帰責事由の存する当事者は、相手方に対して、本契約の解除により相手方が被った損害を賠償するものとする。
4　乙が本契約に違反して本契約が解除されたときは、甲は乙に対し、直ちに本素材の使用を差し止めることができる。

第15条（損害賠償）甲又は乙が本契約の条項に違反し、相手方に損害を与えたときには、違反した当事者は、損害を被った相手方に対してその損害を賠償するものとする。

第16条（裁判における合意管轄）甲及び乙は、本契約より生じる紛争の一切につき、甲の本店所在地を管轄する地方裁判所を第一審の専属的管轄裁判所とすることに合意する。

第17条（双方協議）本契約に定めなき事項又は本契約の条項に解釈上の疑義を生じた事項については、甲乙協議の上、解決するものとする。

　本契約の成立を証するため、本書2通を作成し、甲乙署名又は記名押印の上、各1通を保有するものとする。

　　平成○○年○月○日

　　　　　　　　　　　　　　（甲）東京都○○市××○丁目○番○号
　　　　　　　　　　　　　　　　　○○株式会社
　　　　　　　　　　　　　　　　　代表取締役　　　○○○○　㊞
　　　　　　　　　　　　　　（乙）○○県○○市○○町○丁目○番○号
　　　　　　　　　　　　　　　　　××株式会社
　　　　　　　　　　　　　　　　　代表取締役　　　○○○○　㊞

・・・・・・ アドバイス ・・・・・・

1 どんな契約なのか

ネット通販サイトなどのホームページを作成する上で必要となる画像・写真・イラスト・映像などが収録された媒体（CD-ROM等）を売買する場合に締結される契約書です。

この場合、購入した側は、「金を払ったのだから、収録された著作物はすべて自由に使える」と考えるかもしれませんが、誤った解釈です。購入したのは、CD-ROMという物であって、著作権ではありません。画像・写真・イラストなどの著作物を利用する権利が許諾されただけです。そのため、まず第1条において、CD-ROMに収録された著作物の著作権そのものが譲渡されるものではないことを、明示的に規定しています。したがって、この契約書は、CD-ROM購入者が使用できる範囲を明確にするために結ばれるものだといえます。

2 保証（第11条）

販売側が、CD-ROMの購入者に対して、使用許諾した著作物には著作権侵害がないことを保証する規定です。万一著作権侵害があれば、購入者は販売者の責任を追及できます。そのため、販売側は通常この規定を入れたがりませんが、逆に購入側としてはぜひとも入れたい規定だということになります。

3 契約期間（第13条）

契約期間が決められていないと、法律の上ではいつでも契約を中途解約できるのが原則です。ホームページで実際に使っている素材について、販売者から、いきなり契約を解約されて使えなくなるようなことがあれば、購入者としてはサイトの運営上大変な支障をきたすことになります。

契約期間を定めていれば、契約違反や信頼関係を破壊するなど一定の理由がなければ、解約（解除）はできなくなります。また、著作権は、たとえば個人の場合死後50年間存続しますので、このように契約の有効期間が規定されていれば、著作物（素材）は実際には半永久的に使えるということになります。

書式3　ホームページ譲渡契約書

　　　　　　　　　　　ホームページ譲渡契約書

収入印紙
（課税額は記載金額により異なる）

　○○株式会社（以下「甲」という）及び××株式会社（以下「乙」という）は、甲の保有する、健康食品の通信販売ネットショップのホームページ（以下「本ホームページ」という）を乙に譲渡することに関する契約（以下「本契約」という）を以下の通り締結する。

第1条（目的）　甲は乙に対し、本ホームページを、平成○年○月○日を譲渡日（以下「本譲渡日」という）として譲渡し、乙はこれを譲り受ける。

第2条（本ホームページ）　甲が乙に対し譲渡する本ホームページは、次の通りである。

　　　　　　　　　　　　　　記
ホームページ名：「おいしく健康ケア　○○」
ドメイン：http://www.○○.com

第3条（譲渡資産）　甲は乙に対し、本ホームページに属する次の資産を譲渡する（以下これらの資産を「譲渡資産」という）。
　一　本ホームページのドメインの使用に関するすべての権利
　二　本ホームページに関するすべてのプログラム（ソースコードを含む）、データ、デザイン、画像及び文章等
　三　本ホームページの運営上甲が保有する著作権（著作権法27条及び28条に規定する権利を含む）及び商標権・意匠権等の産業財産権を含むすべての知的財産権。ただし、譲渡のために必要な登録手続き等に要する費用は甲の負担とする。
　四　本ホームページに関し甲が保有する会員情報

第4条（契約上の地位の移転）　甲は乙に対し、本ホームページの運営上締結している次の契約上の地位を移転する。

一　本ホームページのドメインに関するすべての契約
　　二　本ホームページの決済システムに関するすべての契約
　　三　本ホームページの広告主とのすべての契約
　　四　前各号の他、乙が指定する契約
第5条（引渡方法）甲は乙に対し、甲乙両者協議の上定める方法により、本契約第3条に定める資産、及び第4条に定める契約上の地位を引き渡すものとする。
2　前項に関わらず、甲は乙に対し、次の各号を履行することを、あらかじめ承諾する。
　　一　甲は、本譲渡日前に、乙の希望する日から、乙の担当者（以下「乙担当者」という）に対して、本ホームページの運営に関する指導・教育を誠実に行うこと
　　二　甲は、本譲渡日前に、乙が希望する場合、乙担当者を本ホームページを運営する甲の事業所に立ち入らせ、実際の運営状況を確認させること
　　三　甲は乙に対し、本ホームページに関するデータ、運営マニュアル等を乙の希望する媒体で引き渡すこと
　　四　甲は乙に対し、本ホームページの運営に関して必要とする名義、許認可、登録等に関する移転及び登録等の手続きについて、最大限協力すること
第6条（検収）乙は、本譲渡日以降、本ホームページはもとより本ホームページに関するデータ、運営マニュアル等を速やかに検査し、合格した場合のみ受け入れる（以下「検収」という）。
2　甲は、検収の結果不合格になった場合、自らの負担で速やかに修補するものとする。
3　乙が甲に対し、本譲渡日以降30日を超えて何らの通知もしないときは、検査に合格したものとみなす。
4　検収完了後1年を経過する前に、乙が本ホームページに隠れた瑕疵を知った場合、乙は甲に対し当該瑕疵の修補を請求することができ、甲は当該瑕疵を修補しなければならない。
第7条（譲渡価格）乙は甲に対し、本ホームページ譲渡の対価（以下「本対価」という）として、金〇〇円也（消費税別途）を支払うものとする。

2 乙は、本対価を、前条に定める検収完了の日から10日以内に、甲の指定する口座に振り込んで支払うものとする。なお、振込に要する手数料は乙の負担とする。

第8条（所有権・利用権及び危険負担の移転）本譲渡日をもって、譲渡資産の所有権及び利用権は、甲から乙へ移転する。

2 本譲渡日前に生じた譲渡資産の減失・毀損等すべての損害は、乙の責めに帰すべき事由による場合を除き甲の負担とし、本譲渡日後に生じたこれらの損害は、甲の責めに帰すべき事由による場合を除き乙の負担とする。

第9条（善管注意義務）甲は、本契約締結後本譲渡日まで、善良なる管理者の注意義務をもって、本ホームページを通常の状態に保持し、運営を継続しなければならない。

2 甲は、本契約締結後本譲渡日まで、本ホームページの譲渡を制約する可能性のある行為を一切行ってはならない。

3 甲は、本契約締結後本譲渡日までに本ホームページに重要な変更を行おうとする場合、事前の書面による乙の承諾を得なければならない。

第10条（競業避止義務）甲は、本ホームページ内で取り扱う商品・サービスと同様又は類似した商品・サービスを取り扱う通信販売事業（インターネットにおける通信販売に限らない）を譲渡日以降３年間行うことはできない。

第11条（秘密情報の取扱い）甲及び乙は、互いに、本契約に基づき知得した相手方の営業上又は技術上の秘密については、以下のものを除き、本契約期間中及びその終了後も、相手方の書面による許諾なく第三者に開示、漏えいしてはならない。

一 自らの責によらずに公知となった情報
二 権限ある第三者から知得した情報
三 相手方から開示される前から合法的に所有している情報
四 独自に開発した情報
五 権限ある裁判所又は行政機関から提出を命じられた情報
六 法律、条例等の定めるところにより開示された情報

第12条（個人情報の取扱い）甲及び乙は、本ホームページの会員情報をはじめとする個人情報の保護の重要性を認識し、本契約の履行に当たって、個人

の権利・利益を侵害することのないよう、個人情報の取扱いを適正に行わなければならない。
2　甲は、本譲渡日以降、本ホームページの会員情報を保有してはならず、また利用してはならない。
第13条（契約解除）甲又は乙は、相手方が次の各号に該当した場合は、何らの催告を要せず、直ちに本契約を解除することができる。
　一　本契約の条項に違反したとき
　二　本契約に違反すると思われる場合に、相当の期間を定めて是正を勧告したにも関わらず、当該期間内に是正を行わないとき
　三　営業停止など、行政処分を受けたとき
　四　税の納付に関し、滞納処分を受けたとき
　五　差押、仮差押、仮処分等を受けたとき
　六　手形又は小切手につき不渡り処分を受けたとき
　七　破産、民事再生又は会社更生の申立てを行ったとき、又はこれらの申立てが第三者からなされたとき
　八　会社の組織について、解散、合併、会社分割、又は事業の全部又は重要な一部の譲渡を決議したとき
2　前項に基づいて本契約が解除されたときは、帰責事由の存する当事者は、相手方に対する一切の債務について、当然に期限の利益を失い、直ちに相手方に弁済しなければならない。
3　本条第1項に基づいて本契約が解除されたときは、帰責事由の存する当事者は、相手方に対して、本契約の解除により相手方が被った損害を賠償するものとする。
第14条（損害賠償）甲又は乙が本契約の条項に違反し、相手方に損害を与えたときには、違反した当事者は、損害を被った相手方に対してその損害を賠償するものとする。
第15条（不可抗力）甲及び乙は、本契約の不履行につき、その不履行が、次の各号に定める不可抗力による場合、その事由の継続する期間に限り、相手方に対し、その不履行の責を免れるものとする。
　一　天災地変

二　戦争及び内乱

三　暴動

四　伝染病の蔓延

五　政令の制定・改変

六　公権力による命令・処分・指導

七　火災及び爆発

八　ストライキ・ロックアウト等の争議行為

九　通信回線等の事故

十　その他甲及び乙の責に帰することが不可能であり、かつ甲及び乙が支配することが不可能な事態

第16条（裁判における合意管轄） 甲及び乙は、本契約より生じる紛争の一切につき、○○地方裁判所を第一審の専属的管轄裁判所とすることに合意する。

第17条（双方協議） 本契約に定めなき事項又は本契約の条項に解釈上の疑義を生じた事項については、甲乙両者協議の上、解決するものとする。

本契約の成立を証するため、本書2通を作成し、甲乙署名又は記名押印の上、各1通を保有するものとする。

平成○○年○月○日

　　　　　　　　　　　　　　（甲）○○県○○市○○町○丁目○番○号
　　　　　　　　　　　　　　　　　○○株式会社
　　　　　　　　　　　　　　　　　代表取締役　　○○○○　㊞
　　　　　　　　　　　　　　（乙）○○県○○市○○町○丁目○番○号
　　　　　　　　　　　　　　　　　××株式会社
　　　　　　　　　　　　　　　　　代表取締役　　○○○○　㊞

アドバイス

1 どんな契約なのか
　ネット通販サイトなどのウェブサイト（ホームページ）を売買する場合などに締結される契約書です。

2 ホームページの特定（第2条）
　譲渡する側、譲り受ける側双方にとって、まず、どのホームページを対象とするのかを特定することが第一のステップです。

3 譲渡資産（第3条）
　ホームページを譲り受けて、たとえばネットショップの運営をそのまま継続するということは、そのホームページを丸ごと譲り受けるということです。譲り受けるべき中身（権利義務）が何であるのかを明確にしなければなりません。
　ここで取り上げた、①ドメインに関する権利、②プログラム・データ・デザインなどのコンテンツに関する権利、③著作権、④会員情報の4つは、ホームページを構成する不可欠な要素といえるものです。特に譲り受ける側にとっては、この規定はホームページ譲渡契約の最も重要な部分といえます。

4 引渡方法（第5条）
　第3条（譲渡資産）が権利義務関係を明確にするものだとすると、引渡方法を明確にしておくことは、実務上、ホームページの引継ぎをスムーズに行い、その後の運営上のトラブルを最小限にするものだといえるでしょう。

5 善管注意義務（第9条）
　譲渡契約締結後譲渡日までは一定の期間が空くことになります。その間に、売り渡した側が、サイト運営に熱意を失っていい加減な対応をしたり、またホームページに担保設定などを行ったりするのを防ぐための条項です。

6 競業避止義務（第10条）
　あるネットショップを買収するのは、そのホームページがユーザーに人気があって一定の売上が見込めるからです。ところが、譲渡した側が同じような通販店を立ち上げたらどうでしょうか。有力な競合店があるために、せっかく譲り受けた側のショップの売上は想定を大きく下回ってしまうことになります。そうした競合行為を、一定期間禁止するための規定です。

書式4 ECサイト制作・運営業務委託契約書（レベニューシェア方式）

収入印紙
4,000円

ECサイト制作・運営業務委託契約書

　株式会社〇〇〇〇（以下「甲」という）と、株式会社〇〇〇〇（以下「乙」という）は、ECサイト制作（以下「本件制作」という）及び運営業務の委託に関し、以下の通り契約（以下「本契約」という）を締結する。

第1条（定義）　本契約上で使用される用語の定義は次の通りとする。
　一　「サーバ」とは、ネットワーク上において、コンピュータからの要求を受け、一括処理をしてファイルやデータ等を提供するコンピュータをいう。
　二　「ドメイン」とは、インターネット上において個々のコンピュータを識別する符号をいう。
　三　「Webサイト」とは、甲の指定するドメイン下に作成され、Webページとしてインターネット上に表示可能にした一連の文字及び画像データの集合をいう。
　四　「ECサイト」とは、インターネット上において、ショッピングカートや決済システムを備える商品の販売に特化したWebサイトをいう。
　五　「仕様書」とは、甲の要求を実現するべく、Webサイトを制作する上で必要となる機能、制限事項、技術的実現方法及び運用上の制約事項などの事項が記述された書類をいい、本契約に基づき、乙によって作成されるものをいう。
　六　「プログラム」とは、コンピュータが行うべき処理手順を指示する命令を記述したものをいう。
　七　「コーディング」とは、文字、画像及び動画等のデータを特定のプログラムに置き換えることをいう。
　八　「ブラウザ」とは、Webサイトを閲覧するため、データや情報をまとまった形で表示するソフトウェアをいう。
　九　「アップロード」とは、ネットワークを通じてデータ及びファイルをサーバに送信することをいう。

十 「アーキテクチャ」とは、ネットワーク、ソフトウェア及びWebサイトなどの基本設計をいう。

十一 「SSLサーバ証明書」とは、Webサイト上において個人情報などを暗号化し、安全に送受信する機能及びWebサイト管理者の身元を確認できる機能をいう。

十二 「リンク」とは、Webサイトやインターネット上におけるページ同士を繋ぐものをいう。

十三 「リンク切れ」とは、Webサイト上のリンク部分をクリックしても、リンク先のWebサイトが閲覧できない状態をいう。

十四 「電子メール」とは、ネットワークを通じて行うメッセージ通信をいい、承諾その他の意思の通知は到達した時点で有効な意思表示がなされたものとみなす。

十五 「アクセス」とは、ネットワークを使ってデータの読み出しや書き込みを行うことをいう。

十六 「バージョンアップ」とは、機能の向上や不具合の修正など、改良を行うことをいう。

第2条（目的及び委託の内容） 甲は、商品の販売促進を実現するため、次の各号に掲げる業務（以下「本件業務」という）を乙に委託し、乙はこれを受託する。

一 本件制作業務（請負契約）

乙が、甲に対しECサイト設計、デザイン及びコーディングの実施を行うなど、別紙に定めた本件制作業務。

二 運営業務（準委任契約）

乙が、前号により制作されたECサイトについて、別紙に定めたECサイトの運営及び保守業務。なお、別紙に記載されていない顧客対応、在庫管理、梱包、発送などの業務はすべて甲が行うものとする。

三 前各号に定める業務の他、乙が必要と判断し、甲が承認を行った業務。

2 本件制作業務におけるECサイト仕様等の具体的内容は、乙が甲よりヒアリングした事柄に基づき、分析及び要件定義し、これを甲が承認し、確定した内容とする。

3　運営業務の受付及び作業は、次に掲げる時間を基本時間とし、土曜日、日曜日、国民の祝祭日、年末年始及び乙が別途定める日は基本時間外とする。

受付　月曜日から金曜日　午前9時から午後5時まで。

作業　月曜日から金曜日　午前9時から午後5時まで。

4　前項の基本時間帯外に、顧客からの問い合わせ、注文又は甲から作業の要請があった場合は翌営業日以降、速やかに対応しなければならない。ただし、業務繁忙期や緊急対応の必要性から基本時間外の作業を必要とする場合、甲乙間で別途、作業単価等を定めた覚書を作成し、業務遂行することとする。なお、基本時間外における覚書作成は、本契約締結後に行う。

第3条（甲の協力義務）　甲は、本件業務の実施にあたっては、次の事項に留意し乙に協力するものとする。

一　甲の本件業務に関する窓口及び協力者となる担当責任者1名の決定

二　本件業務遂行上必要な情報（商品詳細、商品画像、イベント情報及び在庫情報を含む）並びに社内資料の提供、各書類の記載及び手配

三　乙が甲の共同作業者を必要とする場合は、その提供及び手配についての協力

四　その他、本件業務遂行上必要な場所、機器、ソフトウェア及び素材等の提供又は貸与

五　配送業者、決済代行会社等の手配及びこれらに関する速やかな契約締結

第4条（制作の期限）　乙は、本件制作業務によって完成される成果物（以下「本件成果物」という）を別紙に定めた期限までにアップロードし、動作確認、リンク切れ及び表示チェックなどを行った上、稼働可能な状態にするものとする。ただし、次の各号のいずれか一つに該当する場合、乙は甲に対し本件制作業務のすべて又は一部について、完了期限の延長を求めることができる。

一　第3条に定める作業の遅延又は誤り等によって、本件制作業務の進捗に支障が生じたとき

二　本件制作内容に変更があったとき

三　天災その他の不可抗力により、期限までに完了できないとき

2　乙が、本件制作業務の仕様、設計等の変更、その他の事由によって期限ま

でに本件成果物を甲に納入できない場合には、甲乙協議の上、新たに書面又は電子メールによって定めた期限に変更することができる。

第5条（契約期間） 本契約による検収完了日の翌日より、保守業務の委任契約を開始する。保守業務の委任期間は、保守業務開始日より1年間とする。

2　前項に定めた期間満了の3か月前までに、契約を更新しない旨の意思表示を書面によって当事者のいずれからもなされないとき、本契約は同一条件でさらに1年間自動的に延長されるものとし、以後も同様とする。

第6条（委託料） 甲が、乙に対して支払う本件制作委託料額は別紙に定める。

2　前項の委託料支払時期は、本契約締結日から7日以内に乙の指定する金融機関口座に甲の手数料負担のもと、振り込むものとする。

3　本件制作の仕様、設計等の変更がなされた場合又は甲が乙に、別紙に定めていない追加業務の遂行を要求した場合、乙は事前に書面又は電子メールにより別紙記載の委託料額の変更又は追加料金を通知し、甲が承諾すればこれを請求することができる。ただし、甲が承諾しなかった場合、乙は本件制作の仕様、設計等の変更又は追加業務の遂行の義務を一切負わない。

第7条（収益の配分） 甲は、本事業により得た収益金額に20％を乗じて算出した金額（以下「分配金」という）を乙に分配する。なお、この分配金を計算するにあたって消費税は含めず、1円未満の場合は切り捨てる。

2　前項に規定する収益金額は、注文が確定した時点で計上し、返品及び交換があった場合も収益金額から減算せず、甲の負担とする。

3　甲は、毎月末日締めにて分配金を算出し、翌月10日までに乙に報告する。分配金が1万円を超えない月は、当該分配金を翌月以降に繰り越すものとし、この旨報告する。

4　前項の報告を受けた乙は、報告に基づき請求書を発行し、甲は、当該請求書に対して請求月の翌月末日までに別紙に定める乙の指定する金融機関口座に甲の手数料負担のもと、振り込むものとする。

第8条（費用の取扱い） 乙は、甲に対し本件業務を遂行するために要する費用（サイト運用費、登録料、広告料、乙の交通費、出張費及び宿泊費を含む）を、乙が事前に書面又は電子メールによって甲に通知し、甲が承諾したものに限り、別途請求することができる。

2　甲は、前項に関わらずサーバ費及びドメイン取得・維持費及びSSLサーバ証明費を費用とすることについて承諾する。

第9条（再委託）　乙は、本件制作をするために各業務について適切と判断した第三者（以下「再委託先」という）に、乙の責任において再委託をすることができる。

第10条（資料の保管・管理）　乙は、本契約期間中に限り、本件業務に必要なID及びパスワードを保有し、サーバ及びアクセス解析画面等にアクセスすることができる。

2　乙は、本件業務に関して甲より提供された一切の資料及び情報並びに貸与された機器を、善良なる管理者の注意義務をもって保管及び管理し、甲の事前の書面又は電子メールによる承諾を得ないで複製又は再委託先以外の第三者へ交付し、その他本件業務以外の目的に使用してはならない。

3　乙は、提供された資料及び情報並びに機器等が不要となった場合、又は本契約が解除された場合、若しくは甲からの要請があった場合、提供された資料及び情報並びに機器等を速やかに処分（貸与された機器等については甲に返却）するものとする。

第11条（秘密保持）　甲及び乙は、本契約の履行に関連して知り得た相手方に関するすべての秘密情報を、相手方の書面又は電子メールによる承諾なくして、第三者に開示又は漏えいしてはならない。ただし、法令の定めに基づいて、官公署等から開示の要求があった場合は、開示することができる。

2　前項の秘密情報には、次の各号に掲げる情報を含まない。
　一　秘密保持義務を負うことなくすでに保有している情報
　二　秘密保持義務を負うことなく第三者から正当に入手した情報
　三　相手方から提供を受けた情報によらず、独自で保有していた情報
　四　事前に公知となっている情報

3　本件制作にあたって乙が再委託をする場合、乙は本条の秘密保持義務を再委託先に対しても遵守させなければならない。

4　本条の規定は、本契約終了後又は期間満了後も有効に存続する。

第12条（検収）　甲は、乙から本件成果物の履行を受けた後、別紙に記載する検収期間内に、甲の責任と費用において、本件成果物が確定した仕様の水準

に達しているか、また取引の通念に照らし合理的に期待される通常有すべき機能及び品質を有しているかを判定し、署名捺印した書面にて通知する。

2　乙は、前項に基づき甲から検収不合格の通知を受けたときは、本件成果物につき必要な修正を行い、甲乙で別途協議して定める期限までに再度納入するものとする。

3　第１項に基づき甲が乙に対し検収合格の通知をし、その通知が乙に到達した時、又は甲が乙から本件成果物の履行を受けた後、別紙に記載する検収期間内に第１項の通知を発さず、期間満了した時、本件成果物の検収が完了されたものとみなす。

第13条（瑕疵担保責任）　検収完了後、本件成果物に関して、仕様書との不一致（以下「瑕疵」という）が発見された場合、乙は瑕疵の修補を行う。

2　前項の瑕疵担保責任は、検収完了後３か月以内に、乙から請求された場合に限るものとする。

3　第１項の瑕疵担保責任は、第３条に定める甲の協力義務違反を起因として生じた場合、適用しない。ただし、乙が甲の協力義務違反について不適当であることを知りながら告げなかったときはこの限りでない。

4　乙は本条に定める瑕疵修補の他、本契約による運営業務の継続する限りにおいて修補を行う。

第14条（資料等の返還）　乙は、第12条の検収後、遅滞なく甲から提供された本件成果物に関する一切の資料を甲に返還するものとする。ただし、引き続き保守業務に必要な資料は、この限りではない。

第15条（知的財産権等）　乙は、本件成果物が、知的財産権の侵害、その他の第三者の権利侵害、あるいはこれに類するその他の不正物でないことを保証する。

2　甲及び乙が、本件成果物を運用するにあたって、意図せずして前項に該当する事柄を察知したときは、速やかに相手方に報告すると共に、該当物の利用停止を指示しなければならない。

3　乙が本契約により甲に納入する本件成果物の著作権（著作権法27条及び28条に定める権利を含む）は、第６条の委託料が支払われた日をもって、乙から甲へ移転する。

4　前項の規定には乙及び再委託先が乙が本件制作前より有していた素材、画像、動画、ECサイト設計、プログラム等に関しては含まれない。ただし、乙に帰属しないこれらの著作権について、乙及び再委託先は甲に対し本件成果物を運用に必要な範囲で利用することを許諾し、甲は許諾された範囲で無償の利用権を有する。

5　乙は、甲に帰属しない著作権について、乙に対して自ら及び再委託先が著作者人格権を一切行使しないことを保証する。

第16条（個人情報の利用及び管理）　乙は、本件制作業務及び運営業務の遂行上、顧客の個人情報を取り扱う場合、それぞれ自己の責任において、個人情報の保護に関する法律（平成15年5月30日法律第57号）、その他の法令に従い適切に利用及び管理する。

第17条（譲渡禁止）　甲及び乙は、事前に相手方の書面による同意を得た場合を除き、本契約に基づいて発生する一切の権利を第三者に譲渡し、又は担保に供してはならない。

第18条（賠償責任）　甲及び乙は、本契約に基づく債務を履行しないことが原因で、相手方に現実に損害を与えた場合には、本契約の解除の有無に関わらず、運営業務に対する委託料額の1年分を限度として損害賠償責任を負う。本項には相手方の責に帰すことができない事由による一方的な契約解除を含む。

第19条（免責）　乙は、次の各号につき、一切の責任を負わないものとすることに甲は合意する。

一　乙の予見を問わず、乙の責に帰すことができない事由により生じた損害、間接的、二次的、付随的、懲罰的な損害賠償責任及び利益や売上の損失に対しての責任

二　本件成果物の公開による、第三者から訴えの提起、閲覧者からのクレーム

三　サーバメンテナンス、その他の乙による管理が及ばない理由によるECサイトの不具合

四　本件成果物による売上、問い合わせ、アクセス数及び検索エンジン上位表示

第20条（不可抗力）　甲及び乙は、天災地変、戦争、内乱、暴動、ストライキ、労働争議、社会的大変動、法令の改廃及びその他の本契約に重大な影響を与

えると認められる事由など、双方いずれの責にも帰し得ない不可抗力によることが明らかであるときは、本契約の不履行とはせず、その責を負わないものとする。

第21条（契約の解除及び期限の利益の喪失） 甲及び乙は、相手方が次の各号に該当した場合には、予告なく本契約の全部又は一部を解除することができる。
一　当事者一方が相手方に対する料金支払債務、その他一切の債務につき支払義務を怠ったとき
二　差押、仮差押、仮処分、公売処分、租税滞納処分及びその他公権力の処分を受け、又は民事再生手続きの開始若しくは会社更生手続きの開始、破産若しくは競売を申し立てられ、あるいは自ら民事再生手続きの開始若しくは会社更生手続きの開始又は破産申立てを行ったとき
三　監督官庁により営業停止、営業免許又は営業登録の取消の処分を受けたとき
四　資本を減少し、若しくは営業の廃止、変更又は解散の決議をしたとき
五　自ら振り出し、若しくは引き受けた手形又は小切手につき不渡りとなったとき、若しくは不渡り処分を受ける等支払停止状態に至ったとき
六　本契約の条項に違反し、一方が相当な期間を定めて催告したにも関わらず、なおその期間内に是正しないとき
七　その他、財産状況が悪化し、又はその恐れがあると認められる相当の事由があるとき
八　刑法上の犯罪行為、民事上の犯罪行為、その他法令・公序良俗に反する行為が認められたとき
九　当事者一方が信用を著しく毀損する行為又は背信的と認められる行為を行ったとき
2　前項各号の場合に該当した者は、相手方に対し負っている債務について期限の利益を失い、直ちに債務の全額を一括して弁済しなければならない。

第22条（契約終了時の措置） 本契約が期間満了、解除その他の事由により終了する場合、甲及び乙は、本件成果物に関して顧客に対して不利益とならないよう、両者協議の上本件成果物の運営業務の引継ぎスケジュールを定め、速やかにこれを行うものとする。

2　運営業務の引継ぎが本契約の終了日よりも後となる場合は、引継ぎの完了まで本契約は有効に存続するものとする。

3　乙は、引継ぎ完了まで、本契約の定めに従い善良なる管理者の注意義務をもって本件運営業務を遂行するものとする。

4　本契約が期間満了、解除その他の事由により終了した場合、甲及び乙は、本契約に関する相手方の資料等を、相手方の指示に従い、速やかに相手方に返却し、又は廃棄若しくは消去するものとする。

5　引継ぎ後の本件運営業務は甲が行うものとする。

第23条（準拠法、合意管轄）　本契約の準拠法については日本法が適用されるものとする。

2　甲及び乙は、本契約に関して万一紛争が生じた場合は、○○裁判所を第一審の専属的合意管轄裁判所とすることに合意する。

第24条（協議）　本契約に定めのない事項又は本契約の条項の解釈に疑義が生じた事項については、甲乙協議の上、円満解決をはかるものとする。

以上、本契約成立の証として、本契約書を2通作成し、甲乙署名又は記名押印の上、各々1通を保有する。

平成○○年○月○日

　　　　　　　　　　　　　　　　　（甲）○○県○○市○○町○丁目○番○号
　　　　　　　　　　　　　　　　　　　　株式会社○○○○
　　　　　　　　　　　　　　　　　　　　代表取締役　　○○○○　㊞
　　　　　　　　　　　　　　　　　（乙）○○県○○市○○町○丁目○番○号
　　　　　　　　　　　　　　　　　　　　株式会社○○○○
　　　　　　　　　　　　　　　　　　　　代表取締役　　○○○○　㊞

(別紙)

■本件業務の詳細

制作業務委託料	¥450,000-（消費税を含まない）
収益の分配	収益×20%（消費税を含まない）
追加機能制作費	甲乙、協議の上決定
制作業務委託金支払期日	本契約締結日から7日以内
収益の支払期日	請求月の翌月末日まで

■本件制作業務、委託事項の詳細

1	甲の要求定義、仕様確定及び仕様書の作成
2	ECサイトのデザイン
3	Webページの作成、コーディング
4	ECサイトのアップロード
5	初期動作確認及びリンク切れチェック
6	契約条件で定めたブラウザ上による表示チェック

■運営業務、委託事項の詳細

1	ECサイト不具合等の修補
2	ECサイトのバージョンアップ（大幅な追加プログラムの発生しない範囲）
3	管理画面、不具合等の修補
4	管理画面のバージョンアップ（大幅な追加プログラムの発生しない範囲）
5	簡易なデザインの変更
6	インターネットの基盤技術やアーキテクチャの進歩を前提とし、ECサイトが取引の通念に照らし合理的に期待される通常有すべき機能・品質を維持できる修正及びバージョンアップ
7	次に掲げるECサイト運営業務。 一　画像加工・テキスト編集を含む商品の追加及び更新業務 二　画像加工・テキスト編集を含むイベント及び季節ごとのバナー等制作 三　サイト全体に係るプロモーション、マーケティング業務。 四　甲の書面による承諾を得た上でのインターネット広告登録（リスティング、バナー、動画、メール、コンテンツ・興味連動型、アフィリエイトを含む）。 五　前各号に掲げる他、甲乙間で別途、覚書によって定める業務。
8	ECサイト設置フォームによる顧客からの問い合わせ対応

■本件制作業務、契約条件

成果物	仕様書に基づき、次に定めるブラウザで正常に閲覧可能なECサイトとする。	
	Internet Explorer8 〜 11	※32bit版のみ保証。 ※10,11について、Win8はデスクトップ版のみ保証。 ※互換表示は前提としない。
	Mozilla Firefox25.0 〜 29.0	※ESR版は保証外。
	Google Chrome31.0 〜 35.0	
	Safari6.0 〜 7.0	
	※原則、W3C（http://www.w3.org）準拠とする。 ※いずれもブラウザはすべて日本語版とし、最新のセキュリティプログラムがインストールされた状態を前提とすること。	
甲が指定するドメイン	http://www.○○○○.co.jp/	
サーバ環境	OS：Debian GNU/Linux　CPU：Pentium4-2.4GHz メモリ：1GB ウェブサーバ：apache 1.3.26　　メールサーバ：qmail FTPサーバ：vsftpd ディスク容量：35G CGI：利用可能 perl：5.6.1 PHP：4.3.3 SSI：利用可能 .htaccess：利用可能 FTPS（FTP over SSL）：利用可能 MySQL：3.23	
初回アップロード期限	平成○○年○月○日	
検収期間	上記アップロード日の翌日から起算して30日以内	

■乙指定の金融機関口座

　　○○○○銀行　　　○○○○支店
　　普通預金口座　　　番号○○○○
　　口 座 名 義　　　　カブシキガイシャ○○○○○○○○

アドバイス

1 どんな契約なのか

　ECサイトとは、インターネットによる商品販売を目的としたWebサイトをいいます。このようなサイト制作を受託する場合、サイトの制作のみを行う場合と、209ページのような保守業務を引き続き受託する場合が一般的です。さらに近年では、レベニューシェア方式を採用する場合があります。レベニューシェア方式とは無償または低価格でサイトを制作する代わりに、サイトによって発生する収益から分配を受けて制作コストや運営費を回収する方法です。本書式は、このレベニューシェア方式を想定して作成しています。

　Webサイト制作・保守業務委託契約書（209ページ）と同様に、第2条の目的で、どの業務が請負契約でどの業務が委任契約なのかを明示します。また、引き続き運営業務を引き受けるため、第13条第4項のように通常の瑕疵担保責任に関わらず、運営業務実施期間は不具合修正を行う姿勢が大切です。なお、本書式例は制作業務委託料を設定していますが、収入印紙については、契約内容の性質から印紙税法の第7号文書（継続的取引の基本となる契約書）となる見解を採用し、4,000円分の収入印紙を貼付することとしています。

2 本契約書固有の問題

　以下のような特徴的な規定があります。

① 発注者の協力義務

　第3条のように、発注者側にも最低限の協力義務を明示する必要があります。レベニューシェア方式では、ECサイトの売上で受注者の報酬が増減するため、発注者も責任を持ってECサイトの制作・運営に取り組むよう促す必要があるからです。

② 手続きの明確化

　第2条第3項や第4項では、運営業務に関する作業時間帯を詳細に定めています。特に本契約では、顧客対応があるので夜間、休日対応の場合の取り決めと契約を別途行うことが明示されています。また、第22条のような運営業務を終了した場合の引継ぎの流れについて予め定めておくことも大切です。

③ 収益の分配

　第7条のように収益の分配について、後々トラブルにならないような詳細な取り決めを規定します。また、振込費用や手続きの簡素化から、支払いを実施

する基準を定めます。ところで、収益には「固定型」と「変動型」があります。固定型は契約時に定めた収益の分配率で固定しますが、変動型は収益の増加に合わせて分配率も増加する方法です。書式例では「固定型」を例としていますが、もちろん変動型にしてもよいでしょう。

たとえば固定型分配率20％の場合と変動型で、分配率300万円まで10％、500万円まで15％、1000万円まで20％、1500万円以上30％とした場合で両者の違いを考えてみましょう。

収益が500万円の場合、固定型では「500万円×20％」ですので、収益配分は100万円ですが、変動型では「500万円×15％」ですので、収益配分は75万円となります。逆に収益が2000万円の場合、固定型では「2000万円×20％」で400万円ですが、変動型では「2000万円×30％」で600万円となります。発注者と受注者の関与の具合などから、分配率については、しっかり協議して決めましょう。なお、第7条第3項では分配金の算出と報告義務が規定されていますが、売上、利益、注文数などを正確に報告する必要があります。場合によっては会計帳簿を提出する必要も生じます。

また、受注側が初期費用を抑えて制作している事情を考慮して最初の6か月〜1年間など期間を定めた上で、ミニマムギャランティ（最低保証額）を設定することもあります。これは収益の金額に関わりなく毎月20万円の支払い義務を設定するなどが考えられますが、発注者にしてみればレベニューシェア本来のメリットが薄れてしまうため、レベニューシェア方式の契約においては受け入れられにくいものであることは知っておく必要があります。

④　費用

後々のトラブルを防ぐために、第8条のように費用についての詳細を明示します。この際、あらかじめ費用とすることについて合意が得られているものに関しては第8条第2項のように別項として盛り込んでおくことが大切です。なお、費用ではありませんが、第2条第4項のように、運営業務に関して基本時間外に対応する場合については、別途委託料が発生するようにすることが多いようです。そこで、このような事態が発生した場合の取り決めについて他の契約（覚書きなど）を交わす含みを持たせておくとよいでしょう。

書式5　SEO委託契約書

SEO委託契約書

　株式会社〇〇〇〇（以下「甲」という）と、株式会社〇〇〇〇（以下「乙」という）は、検索エンジン最適化対策業務（以下「本件業務」という）の委託に関し、以下の通り契約（以下「本契約」という）を締結する。

第1条（定義） 本契約上で使用される用語の定義は次の通りとする。
一　「Webサイト」とは、甲の指定するドメイン下に作成されたインターネット上でWebページとして閲覧可能な一連のテキスト及び画像データの集合をいう。
二　「SEO」とは、検索エンジンの検索結果のWebページ表示順について、任意のWebサイトを上位表示させる手法をいう。
三　「リンク」とは、Webサイト及びインターネット上におけるページ同士を繋ぐものをいう。
四　「ページランク」とは、Googleによる被リンク数を根拠に導かれたWebサイトの重要度を示す指標の一つをいう。
五　「アクセス数」とは、Webサイトの閲覧者がWebページを閲覧した回数をいい、個別のページ閲覧数（ページビュー数）も同義とする。
六　「ディレクトリ登録」とは、さまざまなサイトをカテゴリ分けして掲載しているWebサイトにアクセス数の向上、ページランクの向上などを目的としてサイト登録することをいう。
七　「クローラビリティ」とは、Webサイト内のリンクの適正さにより、検索エンジンロボットの巡回がスムーズに行われるかを導き出す指標をいう。
八　「インデクサビリティ」とは、Webサイト内の記述や構造の適正さにより、検索エンジンに記録されるWebサイト情報が正しく認識されるかを導き出す指標をいう。
九　「リンクポピュラリティ」とは、良質な被リンクの量によりページランクを導き出す指標をいう。

十 「ソースコード」とは、Webサイトを作成する際に使用されるプログラム言語の記述をいう。
十一 「アルゴリズム」とは、コンピュータによる特定の目的を達成するための処理手順をいう。
十二 「サーバ」とは、ネットワーク上において、コンピュータからの要求を受け、一括処理をしてファイルやデータ等を提供するコンピュータをいう。

第2条（目的及び委託の内容） 甲は、希望するキーワードを検索エンジンの検索結果に上位表示させるために甲指定のWebサイト（以下「本件サイト」という）の最適化並びにページランク向上及びアクセス数の向上を実現するための業務（以下「本件業務」という）を乙に委託し、乙はこれを受諾する。

2 乙が、甲に提供する業務は準委任契約とし、詳細は次の通りとする。
　一 本件サイトのディレクトリ登録等
　二 クローラビリティ及びインデクサビリティの確保に係る提案
　三 リンクポピュラリティ向上のための提案
　四 本件Webサイトのアクセス解析業務
　五 アクセス数向上に係るWebサイト改善のための企画及び立案
　六 本件Webサイトのソースコード編集
　七 前各号の他、SEO対策のために必要な業務

3 前項の業務は検索型エンジンGoogle（Google提携サイトを含む）及びYahoo!を基準とし、甲が選定するキーワード及び業種を前提とする。

4 乙は本件業務による効果に対する責任は一切行わず、甲はこれを承諾する。

5 乙は、毎月10日までに、甲に対し本件業務に関する前月分の実施内容及び結果についてレポートを電子メールに添付して提出しなければならない。ただし、次条に定める甲の作業の遅延又は誤り等があった場合はこの限りではない。

第3条（甲の協力義務） 甲は、本件業務の実施にあたっては、次の事項に留意し乙に協力するものとする。
　一 甲の本件業務に関する窓口及び協力者となる担当責任者1名の決定
　二 本件業務遂行上必要な情報及び社内資料の提供並びに各書類の記載及び

手配
　三　乙が甲の共同作業者を必要とする場合は、その提供及び手配についての協力
　四　その他、本件業務遂行上必要な場所、機器、ソフトウェア及び素材等の提供又は貸与
　五　本件業務遂行上必要となるディレクトリ登録運営会社等との速やかな契約締結
　六　甲の指定するキーワード及び業種に関して、法律上又は業界団体等による規制がある場合の事前告知

第４条（委託料）甲が、乙に対して支払う本件業務委託料は月額¥100,000-（消費税を含まない）とする。

２　前項の委託料は、乙が当月分の報酬を翌月25日までに甲に請求し、甲は、請求対象月の翌月末日までに、乙の指定する金融機関口座に甲の手数料負担の下、振り込むものとする。

・乙指定の金融機関口座
　　〇〇〇〇銀行　　　〇〇〇〇支店
　　普通預金口座番号〇〇〇〇
　　口 座 名 義　　　カブシキガイシャ〇〇〇〇〇〇〇〇

３　本件業務遂行上、Webサイトを大幅に変更する作業を行う必要がある場合、乙は事前に書面又は電子メールにより変更に伴う追加料金見積額を通知し、甲が承諾すればこれを請求することができる。ただし、甲が承諾しなかった場合、乙はWebサイトの変更を一切行わない。

４　本件業務遂行中、検索エンジンによるアルゴリズム変更があった場合も前項に準ずる。

第５条（契約期間）本契約の期間は、契約成立の日から１年間とする。ただし、期間満了の１か月前までに、甲又は乙から、何らの意思表示がない場合には、更に１年間、同一条件にて延長したものとみなし、以後も同様とする。

第６条（費用の取扱い）乙は、甲に対し本件業務を遂行するために要する費用

（登録料、広告料、乙の交通費、出張費及び宿泊費を含む）を、乙が事前に書面又は電子メールによって甲に通知し、甲が承諾したものに限り、別途請求することができる。

第7条（再委託の禁止） 乙は、本件業務の全部又は一部を第三者に委託してはならない。

第8条（資料又は機器の保管・管理） 乙は、本契約期間中に限り、本件業務に必要なＩＤ及びパスワードを保有し、サーバ及びアクセス解析画面等にアクセスすることができる。

2　乙は、本件業務に関して甲より提供された一切の資料及び情報を、善良なる管理者の注意義務をもって保管及び管理し、甲の事前の書面又は電子メールによる承諾を得ないで複製又は第三者へ交付し、その他本件業務以外の目的に使用してはならない。

3　乙は、提供された資料及び情報並びに機器等が不要となった場合、又は本契約が解除された場合、若しくは甲からの要請があった場合、提供された資料及び情報並びに機器等を速やかに処分（貸与された機器等については甲に返却）するものとする。

第9条（提供情報の取扱い） 甲は、乙が本件業務を遂行する過程で甲に対して行った提案、指導、及び助言等の情報について、自己の責任と負担においてのみ利用することができる。

2　前項の情報は、第三者に利用させないものとする。ただし、乙による事前の書面による承諾がある場合はこの限りではない。

第10条（秘密保持） 甲及び乙は、本契約の履行に関連して知り得た相手方に関するすべての秘密情報を、相手方の書面又は電子メールによる承諾なくして、第三者に開示又は漏えいしてはならない。ただし、法令の定めに基づいて、官公署等から開示の要求があった場合は、開示することができる。

2　前項の秘密情報には、次の各号に掲げる情報を含まない。
　一　秘密保持義務を負うことなくすでに保有している情報
　二　秘密保持義務を負うことなく第三者から正当に入手した情報
　三　相手方から提供を受けた情報によらず、独自で保有していた情報
　四　事前に公知となっている情報

3 本条の規定は、本契約終了後又は期間満了後も有効に存続する。

第11条（著作権の譲渡）本件業務遂行上、乙が制作したテキスト及び素材に関する著作権（著作権法27条及び28条の権利を含む）は、乙から甲へ移転する。

第12条（譲渡禁止）甲及び乙は、事前に相手方の書面による同意を得た場合を除き、本契約に基づいて発生する一切の権利を第三者に譲渡し、又は担保の目的にしてはならない。

第13条（賠償責任）甲及び乙は、本契約に基づく債務を履行しないことが原因で、相手方に現実に損害を与えた場合には、本契約の解除の有無に関わらず、本件業務に対する委託料額の1年分を限度として損害賠償責任を負う。本項には相手方の責に帰すことができない事由による一方的な契約解除を含む。

第14条（免責）乙は、次の各号につき、一切の責任を負わないものとすることに甲は合意する。

一　乙の予見を問わず、乙の責に帰すことができない事由により生じた損害、間接的、二次的、付随的、懲罰的な損害賠償責任及び利益や売上の損失に対しての責任

二　本件業務による、問い合わせ数、申込数及び売上の増加

三　乙が本件業務を遂行する過程で甲に対して行った提案、指導、及び助言等の情報並びに乙が制作したテキスト及び素材に関してなされる第三者から訴えの提起、閲覧者からのクレーム

四　サーバメンテナンス、その他の乙による管理が及ばない理由によるWebサイトの不具合

第15条（不可抗力）甲及び乙は、天災地変、戦争、内乱、暴動、ストライキ、労働争議、社会的大変動、法令の改廃及びその他の本契約に重大な影響を与えると認められる事由など、双方いずれの責にも帰し得ない不可抗力によることが明らかであるときは、本契約の不履行とはせず、その責を負わないものとする。

第16条（契約の解除及び期限の利益の喪失）甲及び乙は、相手方が次の各号に該当した場合には、予告なく本契約の全部又は一部を解除することができる。

一 当事者一方が相手方に対する料金支払債務、その他一切の債務につき支払義務を怠ったとき
二 差押、仮差押、仮処分、公売処分、租税滞納処分及びその他公権力の処分を受け、又は民事再生手続きの開始若しくは会社更生手続きの開始、破産若しくは競売を申し立てられ、あるいは自ら民事再生手続きの開始若しくは会社更生手続きの開始又は破産申立てを行ったとき
三 監督官庁により営業停止、営業免許又は営業登録の取消の処分を受けたとき
四 資本を減少し、若しくは営業の廃止、変更又は解散の決議をしたとき
五 自ら振り出し、若しくは引き受けた手形又は小切手につき不渡りとなったとき、若しくは不渡り処分を受ける等支払停止状態に至ったとき
六 本契約の条項に違反し、一方が相当な期間を定めて催告したにも関わらず、なおその期間内に是正しないとき
七 その他、財産状況が悪化し、又はその恐れがあると認められる相当の事由があるとき
八 刑法上の犯罪行為、民事上の犯罪行為、その他法令・公序良俗に反する行為が認められたとき
九 当事者一方が信用を著しく毀損する行為又は背信的と認められる行為を行ったとき

2 前項各号の場合に該当した者は、相手方に対し負っている債務について期限の利益を失い、直ちに債務の全額を一括して弁済しなければならない。

第17条（準拠法、合意管轄） 本契約の準拠法については日本法が適用されるものとする。

2 甲及び乙は、本契約に関して万一紛争が生じた場合は、○○裁判所を第一審の専属的合意管轄裁判所とすることに合意する。

第18条（協議） 本契約に定めのない事項又は本契約の条項の解釈に疑義が生じた事項については、甲乙協議の上、円満解決をはかるものとする。

以上、本契約成立の証として、本契約書を2通作成し、甲乙署名又は記名押印の上、各々1通を保有する。

平成○○年○月○日

　　　　　　　　　　　（甲）○○県○○市○○町○丁目○番○号
　　　　　　　　　　　　　　株式会社○○○○
　　　　　　　　　　　　　　代表取締役　　○○○○　㊞
　　　　　　　　　　　（乙）○○県○○市○○町○丁目○番○号
　　　　　　　　　　　　　　株式会社○○○○
　　　　　　　　　　　　　　代表取締役　　○○○○　㊞

······ **アドバイス** ······

1　どんな契約なのか

　SEOは特定のキーワードについて検索エンジンの検索結果について上位表示されるようWebサイトを最適化するサービスです。また、広告出稿などを中心にWebサイトへの訪問者数を増やすSEMというものもありますが、契約によってはこれを含めてSEOと表現している場合がありますので、注意しましょう。

　SEO委託契約は、コンサルティング業務的な要素と実際にWebサイトに手を加える作業委託的な要素が混在しています。そのため、提案や企画も含めて委託範囲を明示（第2条）することが重要です。ただし、あくまでコンサルティングの要素が強いために再委託は禁止されることが多いようです（第7条）。

　ただ、本書式のような作業委託的な要素がある場合は、委託内容を詳細に定めた上で限定的に再委託を認める場合もあります（プログラム改変、デザイン、情報収集、資料作成など）。その他、責任の範囲（第2条第4項、第9条、第14条）や秘密保持（第10条、第8条第2項・第3項）などを明示的に規定することは非常に重要です。

2　SEO委託契約固有の問題

　前述した条項の他に、SEO委託という形態から考えられる特性を以下に取り上げます。

① SEO対策の範囲

SEO対策について、発注者は対策を委託したことで、過剰な期待を持つことが多いといえます。そこでSEO委託契約では「特定のキーワード」や「一定範囲の業種」に限定する第2条第3項のようなSEO対策の範囲を絞り込む規定が必要となります。なお、検索型エンジンがGoogleとYahoo!を基準としていますが、現段階でYahoo!の検索システムもGoogleのアルゴリズムが採用されていると言われています。それでも、両者の検索結果には微妙な違いが生じているため、無用な危惧が生じないよう、いずれかの検索エンジンに限定することも重要な検討事項だと言えるでしょう。

② 　発注者の協力義務

　Webサイト制作・保守業務委託契約書（209ページ）でも同様ですが、特にSEO委託契約では、発注者による協力がないと目的達成ができないため、発注者の協力義務を詳細に定めます（第3条）。ディレクトリ登録における迅速な契約締結や、業種特有の呼称や規制に関する情報を踏まえなくては、Webサイトの最適化が適切に行えないからです。

③ 　委託料の考え方

　SEO委託契約の対価は原則的には月額固定支払いとなります（第4条）。ただし、大幅なWebサイトの改修が必要な場合、追加料金を請求できるようにするべきでしょう（同条第3項）。委任契約であるため、成果物の納入義務はありませんが、第2条第5項のようにレポート等の報告義務を課すことで、誠実な業務遂行がなされるように定められることが一般的です。また、費用については独立した条項を定め、後々のトラブルにならないようにします（第6条）。

④ 　免責

　コンサルタント業務委託契約（197ページ）でも同様ですが、発注者側はあくまで自己責任で提供されるレポートや提案・企画を採用する姿勢が前提です。

　このことから、通常は、免責の規定（第14条）をはじめ、SEO対策の効果に対する免責（第2条第4項）、提案内容等に関する免責（第9条）といった規定を定めます。

書式6　コンテンツ提供に関する契約書

コンテンツ提供に関する契約書

　○○企画株式会社（以下「甲」という）及び××海外ツアー株式会社（以下「乙」という）は、甲が制作し保有するデジタル動画コンテンツ（以下「本コンテンツ」という）を甲が乙に提供することに関する契約（以下「本契約」という）を以下の通り締結する。

第1条（目的）甲は乙に対し、本コンテンツを、乙のホームページで使用することを許諾する。

第2条（本コンテンツの内容）甲が乙に対し提供する本コンテンツは、甲が企画制作し著作権その他の権利を有する、世界遺産条約に基づきユネスコが登録する「世界遺産」に関する次のデジタル動画とする。
　一　マチュ・ピチュの歴史保護区
　二　アンコール遺跡群
　三　グランド・キャニオン国立公園
　四　ヴェネツィアとその潟
　五　パリのセーヌ河岸
　六　ヴィクトリアの滝
　七　イスタンブール歴史地域
　八　ナスカとフマナ平原の地上絵
　九　モンサンミッシェルとその湾
　十　カトマンズ盆地

第3条（本コンテンツの使用）乙は、本コンテンツを乙のホームページにおいて非排他的・非独占的に使用することができる。

2　乙は、乙のホームページに訪れる利用者（以下「ユーザー」という）に対して、本コンテンツを、ストリーミング配信など、ユーザーによってダウンロードできない形式で閲覧させるものとする。

3　乙が前項に定める以外の利用を希望する場合、乙は甲に対して、事前にそ

の旨を申し出て、書面による承諾を得なければならない。

第4条（著作権等）本コンテンツの著作権（著作権法27条及び28条に規定する権利を含む）その他の権利は、甲に帰属するものとする。

2　乙は、本コンテンツの改変・修正等を行うことは一切できないものとする。

3　前項にも関わらず、乙が本コンテンツの改変・修正等を希望する場合、乙は甲に対して、事前にその旨を申し出て、書面による承諾を得るものとする。

第5条（利用料）乙は甲に対し、本コンテンツの使用料として月額金〇〇円也（消費税別途）を、本契約期間中、毎月〇日までに甲の指定する口座に振り込み、支払う。

第6条（引渡）甲は乙に対し、平成〇〇年〇月〇日までに、乙の指定する媒体により、本コンテンツを引き渡す。

2　甲及び乙は、前項に定める引渡によっても、本コンテンツの著作権その他の知的財産権が甲に帰属したまま一切乙に移転しないことを相互に確認する。

第7条（保証）甲は乙に対し、本コンテンツが、第三者の著作権その他知的財産権を含むすべての権利を侵害しないことを保証する。

第8条（契約期間）本契約の期間は、平成〇〇年〇月〇日から平成〇〇年〇月〇日までとする。

2　前項に定める本契約の期間満了後も、乙が本コンテンツを使用している場合は、本契約は継続したものとみなされ、乙が本コンテンツの使用の終了を証明しない限り、乙は甲に対し、第4条に定める使用料を支払うことを要する。

第9条（禁止事項）甲及び乙は、本契約に基づく権利又は契約上の地位の全部又は一部を、相手方の書面による承諾なくして、第三者に対して譲渡してはならない。

2　乙は、本コンテンツの使用権を第三者に再許諾してはならない。

第10条（限定責任）本契約に基づく損害賠償請求に対する甲の責任は、甲が乙から受領する利用料の1年分を限度とする。

第11条（秘密保持）甲及び乙は、互いに、本契約に基づき知得した相手方の営業上又は技術上の秘密については、次のものを除き、本契約期間中及びその終了後も、相手方の書面による許諾なく第三者に開示、漏えいしてはならない。

一　自らの責によらずに公知となった情報
二　権限ある第三者から知得した情報
三　相手方から開示される前から合法的に所有している情報
四　独自に開発した情報
五　権限ある裁判所又は行政機関から提出を命じられた情報
六　法律、条例等の定めるところにより開示された情報

第12条（契約解除）甲又は乙は、相手方が次の各号に該当した場合は、何らの催告を要せず、直ちに本契約を解除することができる。
一　本契約の条項に違反したとき
二　本契約に違反すると思われる場合に、相当の期間を定めて是正を勧告したにも関わらず、当該期間内に是正を行わないとき
三　営業停止など、行政処分を受けたとき
四　税の納付に関し、滞納処分を受けたとき
五　差押、仮差押、仮処分等を受けたとき
六　手形又は小切手につき不渡り処分を受けたとき
七　破産、民事再生又は会社更生の申立を行ったとき、又はこれらの申立が第三者からなされたとき
八　会社の組織について、解散、合併、会社分割、又は事業の全部又は重要な一部の譲渡を決議したとき

2　前項に基づいて本契約が解除されたときは、帰責事由の存する当事者は、相手方に対する一切の債務について、当然に期限の利益を失い、直ちに相手方に弁済しなければならない。

3　本条第1項に基づいて本契約が解除されたときは、帰責事由の存する当事者は、相手方に対して、本契約の解除により相手方が被った損害を賠償するものとする。

第13条（損害賠償）甲又は乙が本契約の条項に違反し、相手方に損害を与えたときには、違反した当事者は、損害を被った相手方に対してその損害を賠償するものとする。

第14条（裁判における合意管轄）甲及び乙は、本契約より生じる紛争の一切につき、甲の本店所在地を管轄する地方裁判所を第一審の専属的管轄裁判所

とすることに合意する。

第15条（双方協議） 本契約に定めなき事項又は本契約の条項に解釈上の疑義を生じた事項については、甲乙協議の上、解決するものとする。

本契約の成立を証するため、本書2通を作成し、甲乙署名又は記名押印の上、各1通を保有するものとする。

平成○○年○月○日

      （甲）○○県○○市○○町○丁目○番○号
        ○○企画株式会社
        代表取締役　　○○○○　㊞
      （乙）○○県○○市○○町○丁目○番○号
        ××世界ツアー株式会社
        代表取締役　　○○○○　㊞

アドバイス

どんな契約なのか

　自ら著作権を保有するコンテンツ（著作物）を、非独占的に使用させるために提供する場合に締結される契約書です。非独占的ということですから、提供する側である甲は、乙以外の第三者と同様の契約を結ぶことが可能です。したがって、第4条（著作権等）では、コンテンツの著作権が甲にそのまま留保（帰属）されることを明確にしています。

　また、コンテンツがユーザーによって複製されネット上で拡散して誰もが使えるようになってしまうと、甲の著作権が侵害されることになります。そのため、第3条（本コンテンツの使用）第2項で、乙に対して、ストリーミング配信など、ユーザーがコンテンツをダウンロードできない形式で閲覧させることを義務付けています。

Column

印鑑の押し方のルール

　契約書作成などでは、「訂正印」「契印」「捨印」「消印」「割印」といった特殊な使い方をする場合もあります。

　訂正印は、文書に書いた文字を書き直しするときに用います。契約書が複数のページからできているような場合は、すべてが一体の契約書であることを示すために、とじ目をまたいで当事者双方が押印をします。これが契印です。捨印は、後で文書の中の文字を訂正する必要が出てきたときに、文字を訂正してもよいという許可を前もって出しておく場合に使用されます。消印とは、契約書に貼付された印紙と契約書面とにまたがってなされる押印のことです。契約書の正本と副本を作るようなとき、又は同じ契約書を2通以上作成して、複数人数でそれぞれ1通ずつ保管しておくような場合は、割印を用います。

■ 契約印の押し方

①契印と割印

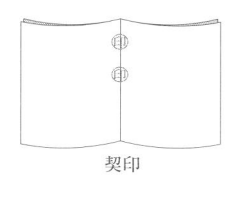

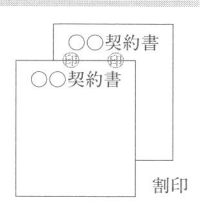

契印

割印

②捨印

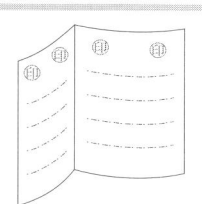

③訂正印

| 誤った文字の上に二本線を引き、上部に正しい文字を記入する場合 | 誤った文字の上に二本線を引き、上部に正しい文字を記入する。そして欄外に「削除2字」「加入1字」と記載する場合 | 訂正した文字をカッコでくくり、これに押印する場合 |

所在　豊島区池袋1丁目
　　　　2
地番　1番1
　　　㊞

削除2字　㊞㊞
加入1字
所在　豊島区池袋1丁目
　　　　5
地番　5番10

所在　豊島区池袋1丁目
地番　（8㊞7）18番9

【監修者紹介】
服部　真和（はっとり　まさかず）
1979年生まれ。京都府出身、中央大学法学部卒業。京都府行政書士会所属（常任理事、企業法務部長）。服部行政法務事務所所長。NPO法人京都カプスサポートセンター副理事長。ギター弾きとITコーディネータの兼業という異色の経歴から、行政書士に転向する。ソフトウェアやコンテンツなどクリエイティブな側面における権利関係を適切に処理する契約書や諸規程の作成を専門とする。あわせて建設業許可、古物商許可、屋外広告物表示許可など、様々な許可申請を通して企業活動のサポートを行っている。
監修書に『最新 建設業許可申請手続きマニュアル』『最新版　契約書・印紙税・消費税の知識』（小社刊）がある。

服部行政法務事務所
http://www.gyoseihoumu.com/

事業者必携
ネットビジネス・通販サイト運営のための
法律と書式サンプル集

2014年5月10日　第1刷発行

監修者　　服部真和
発行者　　前田俊秀
発行所　　株式会社三修社
　　　　　〒150-0001　東京都渋谷区神宮前2-2-22
　　　　　TEL　03-3405-4511　FAX　03-3405-4522
　　　　　振替　00190-9-72758
　　　　　http://www.sanshusha.co.jp
　　　　　編集担当　北村英治
印刷・製本　萩原印刷株式会社
©2014 M. Hattori Printed in Japan
ISBN978-4-384-04601-4 C2032

®〈日本複製権センター委託出版物〉
本書を無断で複写複製（コピー）することは、著作権法上の例外を除き、禁じられています。本書をコピーされる場合は事前に日本複製権センター（JRRC）の許諾を受けてください。
JRRC（http://www.jrrc.or.jp　e-mail：info@jrrc.or.jp　電話：03-3401-2382）